财富世界行 系列丛书

Crazy Tokyo

疯狂的东京

日本财富世界之旅

Rich World Tour Of Japan

谢 普/编著

中国出版集团 现代出版社

图书在版编目(CIP)数据

疯狂的东京/谢普编著.—北京：现代出版社，2016.7(2021.8重印）

ISBN 978-7-5143-5197-2

Ⅰ.①疯…　Ⅱ.①谢…　Ⅲ.①经济概况—日本

Ⅳ.①F131.3

中国版本图书馆CIP数据核字(2016)第160805号

编　　著	谢　普
责任编辑	王敬一
出版发行	现代出版社
通讯地址	北京市安定门外安华里504号
邮政编码	100011
电　　话	010-64267325 64245264（传真）
网　　址	www.1980xd.com
电子邮箱	xiandai@cnpitc.com.cn
印　　刷	北京兴星伟业印刷有限公司
开　　本	700mm×1000mm 1/16
印　　张	9.5
版　　次	2016年12月第1版　2021年8月第3次印刷
书　　号	ISBN 978-7-5143-5197-2
定　　价	29.80元

前言

QIANYAN

多年以来，我们就一直想策划关于G20的图书，经过艰苦努力，如今这个想法终于变成了现实。毋庸置疑，G20已经成为世界上最具影响力的经济论坛之一，而成员国则被视为世界经济界"脑力激荡"、"激发新思维"与财富的代名词。

我常常会在心里问自己：到底什么是财富？什么是经济？有的人可能会说，钱啊！这种说法从某种意义上来说有一定的道理。在这里我要说，只要是具有价值的东西都可以称之为财富，包括自然财富、物质财富、精神财富，等等。从经济学上来看，财富是指物品按价值计算的富裕程度，或对这些物品的控制和处理的状况。财富的概念为所有具有货币价值、交换价值或经济效用的财产或资源，包括货币、不动产、所有权。在许多国家，财富还包括对基础服务的享受，如医疗卫生以及对农作物和家畜的拥有权。财富相当于衡量一个人或团体的物质资产。

需要说明的是，世上没有绝对的公平，只有相对的强弱。有的人一出生就有豪车豪宅，而且是庞大家业的继承人；有的人一出生就只能是穷乡僻壤受寒冷受饥饿的孩子。自己的人生只有改变"权力、地位、财富"中的一项，才可以获得优势的生存机会。那么，财富又被赋予了新的内涵：要创造财富，增加财富，维持财富，保护财富，享受财富；要提高自己的生活质量。

二十国集团是一个国际经济合作论坛，它的宗旨是为推动发达国家和新兴市场国家之间就实质性问题进行讨论和研究，以寻求合作并促进国际金融稳定和经济持续发展。二十国集团由美国、英国、日本、法国、德国、加拿大、意大利、俄罗斯、澳大利亚、中国、巴西、阿根廷、墨西哥、韩国、印度尼西亚、印度、沙特阿拉伯、南非、土耳其共19个国家以及欧盟组成。这些国家的国民生产总值约占全世界的85%，人口则将近世界总人口的2/3。本选题立足二十国集团，希望读者通过阅读能够全面了解这20个经济体，同时，能够对财富有一个全面而清醒的认识。

即使在基本写作思路确定后，对本书的编写还是有些许的担忧，但是工作必须做下去，既然已经开始，我们绝不会半途而废。在编写过程中，书稿大致从以下几个方面入手：

1. 立足G20成员国的经济、财富，阐述该国的经济概况、经济地理、经济历史、财富现状、财富人物以及财富未来的发展战略等。

2. 本书稿为面对青少年的普及型读物，所以在编写过程中尽量注重知识性、趣味性，力求做到浅显易懂。

3. 本书插入了一些必要的图片，对本书的内容进行了恰到好处的补充，以更好地促进读者的阅读。

尽管我们付出了诸多的辛苦，然而由于时间紧迫和能力所限，书稿错讹之处在所难免，敬请各方面的专家学者和广大读者批评指正，我们将不胜感激！

编者

2012年11月

CONTENTS

目录

开　篇　二十国集团是怎么回事

　　二十国集团，由八国集团（美国、日本、德国、法国、英国、意大利、加拿大、俄罗斯）和11个重要新兴工业国家（中国、阿根廷、澳大利亚、巴西、印度、印度尼西亚、墨西哥、沙特阿拉伯、南非、韩国和土耳其）以及欧盟组成。

二十国集团简介

二十国集团,由八国集团(美国、日本、德国、法国、英国、意大利、加拿大、俄罗斯)和11个重要新兴工业国家(中国、阿根廷、澳大利亚、巴西、印度、印度尼西亚、墨西哥、沙特阿拉伯、南非、韩国和土耳其)以及欧盟组成。按照惯例,国际货币基金组织与世界银行列席该组织的会议。二十国集团的GDP总量约占世界的85%,人口约为40亿。中国经济网专门开设了"G20财经要闻精粹"专栏,每日报道G20各国财经要闻。

【走近二十国集团】

二十国集团,又称G20,它是一个国际经济合作论坛,于1999年12月16日在德国柏林成立,属于布雷顿森林体系框架内非正式对话的一种机制,由原八国集团以及其余12个重要经济体组成。

二十国集团的历史

二十国集团的建立，最初是由美国等 8 个工业化国家的财政部长于 1999 年 6 月在德国科隆提出的，目的是防止类似亚洲金融风暴的重演，让有关国家就国际经济、货币政策举行非正式对话，以利于国际金融和货币体系的稳定。二十国集团会议当时只是由各国财长或各国中央银行行长参加，自 2008 年由美国引发的全球金融危机使得金融体系成为全球的焦点，开始举行二十国集团首脑会议，扩大各个国家的发言权，它取代了之前的二十国集团财长会议。

二十国集团的成员

二十国集团的成员包括：八国集团成员国美国、日本、德国、法国、英国、意大利、加拿大、俄罗斯，作为一个实体的欧盟和澳大利亚、中国以及具有广泛代表性的发展中国家南非、阿根廷、巴西、印度、印度尼西亚、墨西哥、沙特阿拉伯、韩国和土耳其。这些国家的国民生产总值约占全世界的 85%，人口则将近世界总人口的 2/3。二十国集团成员涵盖面广，代表性强，该集团的 GDP 占全球经济的 90%，贸易额占全球的 80%，因此，它已取代 G8 成为全球经济合作的主要论坛。

【走近二十国集团】

二十国集团是布雷顿森林体系框架内非正式对话的一种机制，旨在推动国际金融体制改革，为有关实质问题的讨论和协商奠定广泛基础，以寻求合作并促进世界经济的稳定和持续增长。

二十国集团的主要活动

二十国集团自成立至今,其主要活动为"财政部长及中央银行行长会议",每年举行一次。二十国集团没有常设的秘书处和工作人员。因此,由当年主席国设立临时秘书处来协调集团工作和组织会议。

会议主要讨论正式建立二十国集团会议机制以及如何避免经济危机的爆发等问题。与会代表不仅将就各国如何制止经济危机进行讨论,也将就国际社会如何在防止经济危机方面发挥作用等问题交换意见。

1999 年 12 月 15 日至 16 日,第一次会议暨成立大会,德国柏林;

2000 年 10 月 24 日至 25 日,第二次会议,加拿大蒙特利尔;

2001 年 11 月 16 日至 18 日,第三次会议,加拿大渥太华;

2002 年 11 月 22 日至 23 日,第四次会议,印度新德里;

2003 年 10 月 26 日至 27 日,第五次会议,墨西哥莫雷利亚市;

2004 年 11 月 20 日至 21 日,第六次会议,德国柏林;

2005 年 10 月 15 日至 16 日,第七次会议,中国北京;

2006 年 11 月 18 日至 19 日,第八次会议,澳大利亚墨尔本;

2007 年 11 月 17 日至 18 日,第九次会议,南非开普敦;

2008 年 11 月 8 日至 9 日,第十次会议,美国华盛顿;

2009 年 4 月 1 日至 2 日,第十一次会议,英国伦敦;

2009 年 9 月 24 日至 25 日,第十二次会议,美国匹兹堡;

2010 年 6 月 27 日至 28 日,第十三次会议,加拿大多伦多;

2010 年 11 月 11 日至 12 日,第十四次会议,韩国首尔;

2011 年 2 月 18 日至 19 日,第十五次会议,法国巴黎;

2011 年 11 月 3 日至 4 日,第十六次会议,法国戛纳;

2012 年 6 月 17 日至 19 日,第十七次会议,墨西哥洛斯卡沃斯。

二十国集团的相关报道

1.加拿大：防止债务危机恶化

作为峰会主席国，加拿大主张：各成员国应就未来 5 年将各自预算赤字至少减少 50% 达成一项协议，以防止主权债务危机进一步恶化；会议应发出明确信号，收紧刺激性支出，即当各国刺激计划到期后，将致力于重整财政，防止通货膨胀。

加拿大还认为，应建立有效的金融调节国际机制，进一步提高银行资本充足率，以防止出现新的金融机构倒闭。不应由纳税人承担拯救金融机构的责任；加强世界银行、国际货币基金组织和多边开发银行的作用，支持国际货币基金组织配额改革，反对开征银行税，认为设立紧急资金是更好的选择。

> **【走近二十国集团】**
>
> 以"复苏和新开端"为主题的二十国集团领导人第4次峰会于2010年6月26日至27日在加拿大多伦多召开。此次峰会正值世界经济出现好转趋势，但欧元区主权债务危机爆发又给全球经济走势增添诸多变数之际。在此背景下，与会的主要发达国家及发展中国家对这次峰会的立场受到国际舆论的高度关注。

此外，加拿大还表示，各成员国应承诺反对贸易保护主义，促进国际贸易和投资进一步自由化，确保经济复苏；增加对非洲的发展援助。

2.美国：巩固经济复苏势头

美国是世界头号经济强国，也是本轮金融危机的发源地。根据美国官方透露的信息,美国政府对此次峰会的主要立场包括:巩固经济复苏势头;整顿财政政策;加强金融监管,确立全球通用的金融监管框架。美国希望与各国探讨国际金融机构的治理改革等问题。

【走近二十国集团】

二十国集团的宗旨是为推动已工业化的发达国家和新兴市场国家之间就实质性问题进行开放及有建设性的讨论和研究,以寻求合作并促进国际金融稳定和经济的持续增长。

美国财政部官员说,中国日前宣布进一步增强人民币汇率弹性,其时机对二十国集团峰会"极有建设性"。欧洲宣布将公布对银行业进行压力测试的结果,这将有助于恢复市场信心。

美方对这两项宣布感到鼓舞。

3.巴西:鼓励经济增长政策

根据从巴西外交部得到的消息,巴西将在二十国集团峰会上提出要求各国继续鼓励经济增长政策、加快金融市场调节机制建设的主张。

巴西认为,当年4月结束的世界银行改革"令人满意",但在今后几年中还应在各国投票权上实现进一步平等。此外,峰会应从政治层面强调国际货币基金组织改革。

巴西政府主张二十国集团应发挥更大作用,因为当今世界,二十国集团已显示出了高效讨论各种重要议题的论坛作用。同时,二十国集团也需从主要讨论金融危机拓展到其他问题,如发展、能源和石油政策等。

4.俄罗斯:主张二十国集团机制化

俄罗斯曾经在峰会上就二十国集团机制化、推动国际审计体系改革、建立国际环保基金等具体问题提出一系列倡议。

梅德韦杰夫曾经在会见巴西总统卢拉后说,现在需要努力将二十国集团打造成一个常设机构,以便对国际经济关系产生实际影响。

梅德韦杰夫还在接见美国知名风险投资公司负责人时表示,原有的国际审计体系已经被破坏,俄罗斯目前正在制定改革这一体系的相关建议。他说,二十国集团峰会应对关于审计改革的议题进行讨论。

在防范金融风险方面,俄罗斯可能提出两套方案:一是开征银行税并建立专门的援助基金;另一方案是在发生危机时,国家向银行提供资金支持,但危机过去后,银行不仅要返回资金,还要支付罚款。

5. 日本：期望发挥积极作用

日本外务省经济局局长铃木庸一则在记者会上表示,在发生国际金融和经济危机、新兴国家崛起等国际秩序发生变化的形势下,二十国集团是发达国家和新兴国家商讨合作解决全球问题的场所,日本可以继续为解决全球问题发挥积极作用。

> **【走近二十国集团】**
>
> 铃木庸一说,从支撑世界经济回升、遏制贸易保护主义的观点出发,二十国集团首脑应表明努力实现多哈谈判早日达成协议的决心。

日本期望峰会能深入讨论如何应对全球性问题并达成一些协议,发达国家和新兴国家能够更多地开展合作,共同致力于解决经济、金融等方面的全球性课题。

6. 南非：希望从国际贸易中受益

对于二十国集团峰会,南非政府希望在峰会上重申,南非将与其他国家加强贸易进出口联系,以使其在国际贸易交往中受益。对此,南非方面呼吁重建世界贸易经济交往秩序和规则,予以发展中国家新兴经济体以更多的优惠与权利,与其他发展中国家携手重建世界贸易新秩序。

南非经济学家马丁·戴维斯认为,二十国集团峰会本是西方世界的产物,如今以中国、南非、巴西、印度等新兴经济体为代表的发展中国家需要联合起来，打破国际经济旧秩序，建立更加平衡、公平、长效、利于世界经济全面复兴的新国际经贸秩序。

7.欧盟：实施退出策略需加强协调

对于欧盟来说，在实施退出策略上加强国际协调和继续推进国际金融监管改革，将是其在峰会上的两大核心主张。

欧盟曾经掀起了一股财政紧缩浪潮，但在如何巩固财政和维护经济复苏之间求得平衡的问题上与美国产生分歧。在退出问题上美欧如何协调将是多伦多峰会的一大看点。

8.印度：征银行税不适合印度

印度政府官员表示，在峰会上，新兴经济国家与发达国家在如何促进世界经济复苏的问题上将产生不同意见。

各国应对金融危机的情况不同，经济增长形势不同，西方国家必

须认识到这一点。

印度官员指出,欧盟目前被一些成员国的财政赤字和债务危机所困,法德两国都希望收缩开支。但德国如果采取财政紧缩政策,它可能会陷入双重经济衰退,而且整个欧盟的经济也将随之收缩,这不利于世界经济复苏。

印度官员同时表示,美国政府最近提出要征收银行税和加强对银行的政策限制,西方很可能要求印度等国也采取类似措施,但这并不适合印度,因为印度的金融体系相当健康。

9.中国:谨慎决策防范风险

中国外交部副部长崔天凯曾经在媒体吹风会上说,多伦多峰会是二十国集团峰会机制化后的首次峰会,具有承前启后的重要意义。中方希望有关各方维护二十国集团信誉与效力,巩固该集团国际经济合作主要论坛的地位。

中方在此次峰会上强调,为推动全球经济稳定复苏,各国应保持宏观经济政策的连续性和稳定性;根据各自国情谨慎确定退出战略的时机和方式;在致力于经济增长的同时防范和应对通胀和财政风险;反对贸易和投资保护主义,促进国际贸易和投资健康发展。

中方还指出,为实现全球经济强劲、可持续增长,发达国家应采取有效措施解决自身存在的问题,以减少国际金融市场波动;发展中国家应通过改革和结构调整,以促进经济增长。

集团宗旨

二十国集团属于非正式论坛,旨在促进工业化国家和新兴市场国家

【走近二十国集团】

二十国集团还为处于不同发展阶段的主要国家提供了一个共商当前国际经济问题的平台。同时,二十国集团还致力于建立全球公认的标准,例如在透明的财政政策、反洗钱和反恐怖融资等领域率先建立统一标准。

就国际经济、货币政策和金融体系的重要问题开展富有建设性和开放性的对话,并通过对话,为有关实质问题的讨论和协商奠定广泛基础,以寻求合作并推动国际金融体制的改革,加强国际金融体系架构,促进经济的稳定和持续增长。

2011巴黎G20财长会议

全球瞩目的二十国集团财政部长和央行行长会议于当地时间2011年10月15日在法国巴黎闭幕,此次会议是在全球经济尤其是欧债危机深度演化的背景下召开的,吸引了各方关注。

会上,各成员国财政领袖支持欧洲方面所列出的对抗债务危机的新计划,并呼吁欧洲领导人在23日举行的欧盟峰会上对危机采取坚决行动。

此外,与会各方还通过了一项旨在减少系统性金融机构风险的大银行风险控制全面框架。

在本次财长会上,全球主要经济体对欧洲施压,要求该地区领导人在当月23日的欧盟峰会上"拿出一项全面计划,果断应对当前的挑战"。

呼吁欧元区"尽可能扩大欧洲金融稳定基金(EFSF)的影响,以便解决危机蔓延的问题"。

有海外媒体报道称,欧洲官员正在考虑的危机应对方案包括:将希腊债券减值多达50%,对银行业提供支持并继续让欧洲央行购买债券等。

决策者还保留了国际货币基金组织(IMF)提供更多援助,配合欧洲行动的可能性,但是对于是否需要向IMF提供更多资金则意见不一。

当天的会议还通过了一项旨在减少系统性金融机构风险的新规，包括加强监管、建立跨境合作机制、明确破产救助规程以及大银行需额外增加资本金等。

根据这项新规，具有系统性影响的银行将被要求额外增加 1% 至 2.5% 的资本金。

二十国集团成员同意采取协调一致措施，以应对短期经济复苏脆弱问题，并巩固经济强劲、可持续、平衡增长基础。所有成员都应进一步推进结构改革，提高潜在增长率并扩大就业。

金融峰会

二十国集团金融峰会于 2008 年 11 月 15 日召开，作为参与国家最多、在全球经济金融中作用最大的高峰对话之一，G20 峰会对应对全球金融危机、重建国际金融新秩序作用重大，也因此成为世界的焦点。

金融峰会将达成怎么样的结果？对今后一段时间的全球经济有何推动？对各大经济体遭受的金融风险有怎样的监管和控制？种种问题，都有待回答。

第一，拯救美国经济，防止美国滥发美元

目前美国实体经济已经开始衰退，为了刺激总需求，美联储已经将基准利率降到了 1%，并且不断注资拯救陷入困境的金融机构和大型企业，这些政策都将增加美元发行，从而使美元不断贬值。

美元是世界货币，世界上许多国家都持有巨额的美元资产，美国

【走近二十国集团】

如何拯救美国经济，防止美国滥发美元；要不要改革IMF，确定国际最后贷款人；必须统一监管标准，规范国际金融机构活动。这里对峰会做出的三大猜想，一定也有助于读者更好地观察二十国集团金融峰会的进一步发展。

滥发货币的行为将会给持有美元资产的国家造成严重损失。因此，金融峰会最迫在眉睫的任务应是防止美国滥发货币，而为了达到这个目的，各国要齐心协力拯救美国经济，这集中体现在购买美国国债上。

截至2008年9月30日，美国联邦政府财政赤字已达到4548亿美元，达到了历史最高点，因此，美国财政若要发力，需要世界各国购买美国国债，为美国政府支出融资。因此，G20的其他成员要步调一致，严禁大量抛售美国国债，只有这样，才能稳住美国经济，自己手中的美元资产才能保值增值。

第二，改革IMF，确定国际最后贷款人

查尔斯·金德尔伯格在其脍炙人口的《疯狂、惊恐和崩溃：金融危机史》里指出，最后贷款人对解决和预防金融危机扩散至关重要。如果危机发生在一国之内，该国的中央银行可以充当这一角色，但是如果其演变为区域性或全球性金融危机，就需要国际最后贷款人来承担这一角色了。

1944年成立的国际货币基金组织（IMF）就是为了稳定国际金融秩序而建立的一个国际最后贷款人。但是，IMF本身实力有限，只能帮助应对规模较小的金融危机，而且一直受美国利益的支配，在援助受灾国的时候，往往附加苛刻的政治条件，限制了受灾国自主调控经济的自主性，往往在解决金融危机的同时导致严重的经济衰退。

【走近二十国集团】

在国际范围内，既不存在世界政府，也没有任何世界性的银行可以发挥这种功能，但是如果G20能够达成一种世界性的协议，共同应对更大规模的危机（例如由美国次贷风暴所引发的金融危机），将成为一种次优选择。

在这次峰会中，G20其他成员，尤其是新兴经济体将更多地参与到IMF改革中来，包括要求更多的份额、在决策中拥有更多的发言权等。但是IMF的问题还不止于此。IMF成立之初主要为了应对贸易赤字所带来的国际收支失衡，但是今天的问题是资本流动成了影响一国国际收支的主要因素，在巨量的资本流动面前，IMF 发挥的"救火"功能十分有限。在这种情况下，应确定规模更大的、协调功能更好的、能应对巨额资本流动冲击的国际最后贷款人。

第三，统一监管标准，规范国际金融机构活动

这次危机的根源之一是美国金融监管过度放松。作为金融全球化的主要推动者，美国对其金融机构和金融市场创新的监管越来越宽松，在这种宽松的环境下，其投资银行、商业银行和对冲基金等金融机构高杠杆运营，在全球其他国家攻城略地，屡屡得手。例如，1992 年的英镑和里拉危机，1997 年的亚洲金融危机，在很大程度上都是对冲基金兴风作浪的结果。由于这些机构在全球运行，可以通过内部交易或者跨国资本交易来逃避世界各国的金融监管，因此，统一监管标准，规范国际金融活动，就成了除美国之外，G20 其他成员的共同心声。美国也想加强金融监管，但是它更清楚要掌握监管

规则制定的主动权。如果放弃主动权，美国在国际金融体系中的霸权地位将会被极大撼动，这是美国金融资本所不愿看到的，而这也恰恰是G20其他成员的金融资本所诉求的。欧盟成员国在这个问题上早早表明了立场，预计在金融峰会上，美国或者置之不理，或者与G20中的欧盟成员国展开一番唇枪舌剑。经济和政治犹如一对孪生兄弟，如影随形。这次金融峰会不光要应对全球经济危机，更关系到美国相对衰落之后的全球利益调整。这个讨价还价的过程不是一次金融峰会就可以解决的，未来更多的峰会将接踵而来。目前，中国是世界上仅次于美国的第二大经济体，拥有全球最多的外汇储备，其他各国都盯住了中国的"钱袋子"，更加关注中国的动向。中国应抓住这次世界经济和政治格局调整的机会，主动发挥大国的作用，参与国际规则的制定，为中国的崛起、为全球金融和经济的长治久安做出自己的贡献。

【走近二十国集团】

二十国集团成员涵盖面广、代表性强，该集团的GDP占全球经济的90%，贸易额占全球的80%，因此已取代G8成为全球经济合作的主要论坛。

第一章 影响世界的日本财富

　　日本，一个国土面积仅有37.78万多平方千米的国家，在20世纪中叶却发动了一场又一场侵略战争。日本的这种疯狂举动曾经震惊了世界，也给世界人民留下了深深的灾难、遗憾和思考。尽管战败后的日本国家一片狼藉，连国家的主权都部分丧失，但是日本经济却在短短的几十年时间之内得到迅速发展，最终成为继美国之后的世界第二大经济强国，这究竟又是什么原因呢？日本经济的发展，既与当时的国际环境、机遇有关，又与国内所实行的经济发展战略有关，在这两种因素的共同作用之下，造就了日本的辉煌。

成功者就是一个善于发现机遇并立即行动的人。

现实是此岸，理想是彼岸，行动则是架在河上的桥梁。

生活中常有人做事计划来计划去，又总觉得构想不完美，时机不成熟，结果一拖再拖，万事成蹉跎。其实，再好的新构想也会有缺陷。即使是很普通的计划，如果确定执行并且努力做好，都比没有开始好得多。局面要靠行动来打开，坐等机会成熟，很可能永远也等不到，或者机会一旦成熟如白驹过隙，你根本就抓不住。

成功是靠行动而不是靠梦想来实现的。当我们备好行囊，准备向目标进发时，下一个关键就是——开始行动。

时时秉持成功信念的人，也是在实际行动时，不断运用各种手段勇于尝试的人。

将成功信念现实化，最重要的就是行动。

第一节　战后日本经济的复苏

日本经济迅速发展的外因，主要体现在美国的大力扶持。随着美国与苏联的冷战逐渐加剧和中国革命的胜利，美国为了遏制苏联和中国的势力，迫切地需要寻找一个争霸世界的伙伴。日本独特的地理位置成为美国的首选，于是美国便由最初的制裁日本转为扶持日本。1949 年 5 月，美国宣布取消日本一切战争赔偿并扶持日本垄断资本的发展。从 1949—1951 年短短的三年时间之内，美国对日本的援助总额已然达到了 21 亿多美元，这为日本经济上的独立创造了良好的条件。除了直接的美元援助之外，美国还向日本发放贷款，至 20 世纪 60 年代末期，日本总共从国外借来贷款数额高达 56 亿美元，到了 70 年代末期，贷款数额更是激增，达到了 210 亿美元。在所有的这些贷款中，美国占到了 70%，成为日本最大的债权人。这笔数额巨大的贷款对日本经济的恢复和发展起到了重大的促进作用，依靠这笔贷款，日本国内的电力、钢铁、运输、石油、航空、汽车、化工等部门都从先前的废墟当中解脱出来，逐渐走向了振兴的道路。1950 年，抗美援

【走近日本】

日本，一个国土面积仅有37.78万多平方千米的国家，在20世纪中叶却发动了一场又一场侵略战争。日本的这种疯狂举动曾经震惊了世界，也给世界人民留下了深深的遗憾和思考。尽管战败后的日本国家一片狼藉，连国家的主权都部分丧失，但是日本经济却在短短的几十年时间之内得到迅速发展，最终一度成为继美国之后的世界第二大经济强国。

朝战争爆发,这给日本经济的恢复和发展提供了新的契机。同年,日本接受了美国侵略战争中的 1.49 亿美元的订货单,到了 1953 年,来自美国政府的订货单达到 8 亿多美元,在 1950—1954 年这短短的五年时间之内,日本便接收了来自美国的总共 24 亿美元的订单,这笔订单对于刺激日本的对外贸易和外汇收入起到了重要的影响。为了满足美国政府的需求,日本国内企业生产规模进一步扩大,由此直接或者间接雇佣的人数共达数十万人次,

有力的推动了日本经济的全面发展。对于美国而言,朝鲜战争是一个巨大的灾难,但是对于日本而言,这场战争却是一个契机,因为随着经济的逐渐恢复和发展,国内狭小的空间已经难以满足企业发展的需要,因此,扩大商品市场、增加生产能力以便走上高速增长之路,便成为日本上至王公贵族下至平民百姓的共同呼声,朝鲜战争的爆发无异于雪中送炭,给处于困境的日本经济注入了新的活力。对于朝鲜战争给日本经济发展所带来的巨大影响,就连日本当局也直言不讳:"如果没有朝鲜战争,日本经济不可能发展得如此迅猛,更不可能在 60 年代末便成为经济大国,这场战争给日本至少节省了十年,一定程度上可以说,由于朝鲜战争,日本才找到了活路。"

这些外因尽管重要,但是它对日本经济的发展毕竟只能起到间接的推动作用。日本经济得以快速恢复和发展,更多的还是得益于日本当局所采取的正确

的经济发展战略。日本当时主要有四大经济发展战略：其一是以亚洲作为原料产地和销售市场。亚洲具有广阔的市场和丰富的资源，这给日本这一战略的实现提供了一个重要的平台。广阔的亚洲市场和贫穷落后的邻国，极其有利于日本推行出口第一、贸易立国的经济发展方针。其二是依赖美国政府，从美国获取经济发展所需的资金来源。美国在资金和经济政策等领域全面扶植日本，于是源源不断的美元投向了日本市场，并且这种投资的利息也非常之低，这为日本经济的发展创造了必不可少的外部条件。其三是向欧美国家看齐，从这些技术发达的国家引进先进的技术。除了从美国引进大量的资金之外，日本还非常注重先进技术的引用。1951年以后，日本政府改变了经济发展战略，全面实施以推行现代化投资为核心的产业合理化政策，掀起了战后首次设备投资热潮。在这个大的经济背景之下，1953年，日本政府又进行了大规模的经济调整，引进欧美技术，发展新兴工业部门，改善农业技术，推动中小企业实现现代化，在这种经济模式主导下，日本经济迅速腾飞，在短短的三年时间之内便成为亚洲经济强国。其四是实施了合理的国家发展战略。在科技政策方面，引进发达国家的尖端科技逐渐成为日本政府发展经济的重中之重。尤其是在1950年颁布《外资法》以后，更是将引进外国先进科学技术的热潮推向了顶峰。在贸易政策方面，在与世界经济接轨的同时，日本极力保护本国市场免受剧烈的外部冲击，尤其是对农业方面的保护，至今仍在持续。在产业政策方面，日本放弃了一些传统的诸如煤炭之类的产业，转而发展以用石油为原料和能源的新型产业，这为日本科技的进一步发展奠定了坚实的基础。

【走近日本】

日本领土由北海道、本州、四国及九州4个大岛和周围3 000多个小岛组成，总面积为37.78万平方千米，其中4个大岛面积约占95.3%。

第二节 逐渐走向世界的日元

随着日本经济的不断发展壮大，日元也逐渐登上了世界性货币的历史舞台。日元走向世界后，无论对于日本国内还是世界经济，都产生了广泛而深远的影响。这种影响是双方面的，既有有利的一面，也有不利的一面。

对于日本本国的经济而言，日元走向世界后尽管会产生一定的不利影响，但是整体而言，日元走向世界是有利于日本经济的长远发展的。这种有利影响首先表现在，日元国际化有助于日本经济的

稳定增长。在日元走向世界之前，日本无论是用于进行国际贸易结算手段的货币，还是用于国际储备的货币，都只能是美元，这种对美元过度的依赖之局面，给日本经济带来了很大的不确定性因素。日元在进入国际贸易中扮演着独立的角色之后，对于日本来说，既可以减少对美元的依赖，又能降低汇率变动的风险，使日本在国际商业舞台上能够活动自如，这对于国内经济安全而又快速发展是一个很重要的保障。其次，日元国际化也有利于日

本金融业的发展。随着国内日元市场的扩大，外国投资者加大了对日本金融行业投资的力度，这种背景使得日本国内催生了一大批外国银行等金融机构。一方面，日本政府可以以税收的手段从这些分支机构中收取一定的利润，另一方面，金融行业的发展也可以扩大国内的就业人数，降低国内日益严重的失业率。最后，日元走向世界之后，日本垄断资本向外扩张、渗透便有了坚强的后盾。日本想要以提升经济上对世界的影响为手段，来提高其国际政治地位，如果不经历日元走向国际化这一重要的一步，恐怕这永远只是一个梦想。

但是，日元走向世界之后，也催生了一定的不利因素，这种因素主要有以下几个方面。其一，日元走向世界后，其价值会得到大幅度的提升，境内利率会逐步与国际市场上的利率挂钩，这为外国人利用手中的日元来进行

投机埋下了隐患。其二,由于日元走向世界,很多日本国内的垄断资本家便会将目光投向海外,这会使日本原有的产业结构发生根本性的改变——由出口主导型转化为资本输出型。在这个转型的过程中,日本的经济势必会受到一定的影响,尤其是在产品的出口方面,会受到较大的干扰。最后,由于日本经济在短时间内不断发展壮大,吸引了全世界人民的眼球,因此,一旦日元走向世界之后,势必会引发一股抢购日元的狂潮,这会影响日元币值的稳定。因为世界上如此多的人民手中拥有日元,一旦遇到风吹草动,他们立刻便会抛售手中的日元,从而酿成日元危机。

任何一个国家的货币走向世界之后,必定会对国际经济产生一定的影响,只不过这种影响的大小会由于国家经济实力的不同而出现一定的差别。日本作为世界上的经济强国,其货币走向世界后,对国际经济的影响注定会是巨大的。就日元走向世界后对国际经济所产生的有利影响而言,主要表现在以下几个方面:其一,日元走向世界后有利于世界经济的稳定发展。正像欧元走向世界之后对稳定国际货币体系产生了重要作用一样,日元走向世界有助于使国际金融领域向有序化状态发展。其二,随着亚太地区经济的不断发展,对资金的需求也日益扩大,日元走向世界之后,正满足了亚太地区投资者这种需求资金的心理。由于与日本地理位置相邻,加上日本又有雄厚的经济实力做后盾,日元走向世界之后,必然会吸引着亚太地区的企业和政府向日本国内金融市场贷款,这为扩大日元在亚太地区的影响提供了便利的条件。最后,日元走向世界后将促进国际贸易和国际金融领域的进步不发展,也有利于国际储备朝多元化方向发展。日本长达几十年稳定的经济发展趋势向世人表明,日本政府是有能力和实力来防

【走近日本】

南北走向的北湾山系与东西走向的南湾山系相会于本州中部,称中央山脉,为全国地势最高的地区。位于这里的富士山,海拔3 776米,是日本第一高峰,也是著名的火山。日本大小火山有200多座,其中活火山占1/3。

止日元在国际市场上出现较大的波动的。日本政府正确的经济战略和国内雄厚的经济实力，大大提升了日元的国际信誉，越来越多的国家选择日元作为本国的外汇储备，越来越多的投资者选择日元作为国际支付手段，这为提升日元在国际上的影响力创造了一个良好的局面。但是，日元走向世界后势必会影响到欧元和美元在国际市场上的地位，这会引发三种货币之间新一轮的角逐，进一步扩大国家间的贸易摩擦，不利于发达国家间货币政策的协调，给世界经济稳定埋下了隐患。

尽管日元走向世界后会对国内和国际经济产生很大的影响，但是究竟是有利影响还是不利影响占主导地位，还需取决于当时的国际国内政治和经济环境。总体而言，日元走向世界后，其在国际货币体系中究竟能发生多大的影响、占据多大的地位，还有待时间的考验。

第三节　东京逐渐在金融界一枝独秀

随着日本经济实力的不断增强，东京在世界金融领域所起的作用越来越大，逐渐发展成为一个继纽约和伦敦之后的国际上第三大金融城市。与世界上其他金融中心一样，东京之所以能够成为国际性的金融中心，除了本身具备雄厚的金融实力之外，还与政府的经济发展战略息息相关。到了 20 世纪 70 年代，经历过几十年的发展之后，日本东京已经在股市、基金管理和外汇交易等方面对亚洲和世界的经济发展起着重要的调节作用，这表明东京已经发展成为亚洲地区乃至世界上最为重要的金融中心之一。那么，日本东京是如何发展起来的呢？

【走近日本】

位于本州东南的关东平原，是日本最大的平原，也是日本农业最发达的地区。日本的河流短小，但水量充沛，水力资源丰富。

东京的发展，具有一定的偶然，也是一种必然。说是一种偶然，是因为当时客观的发展形势变得有利于东京地区经济的发展。说是一种必然，是因为凭借着东京优越的地理位置，在日本经济迅速腾飞

的过程中,东京注定会扮演着重要的角色,甚至会对日本经济发挥着主导性的影响。从 20 世纪 50 年代开始,日本政府对经济做出了一定程度的调整,这种调整首先表现在将一些直接生产部门和管理部门分离,大量的总公司在这一时期涌向东京,使得这个原本以工业为主导的城市变为以管理为中心的城市。到了 20 世纪 70 年代,随着日元逐渐走向世界,金融自由化发展步伐得到进一步提升,这为东京金融市场的扩大和外国金融机构进入东京带来了新的机遇,于是无论是东京国内还是国外的投资者都纷纷投资于东京地区的金融业,使得这座很小的城市集中了全日本几乎一半的银行信贷和股票交易市场、债券市场等,这为东京迅速发展成为国际金融中心起到了重要的作用。随着日本经济的进一步发

> **【走近日本】**
> 　　日本的气候属温带海洋性季风气候,终年温和湿润,冬无严寒,夏无酷暑,年均降水量1 700～1 800毫米。因国土狭长,各地气候差异较大,北部属亚寒带,中部属温带,南部属亚热带。就东西两侧来看,东部太平洋沿岸偏重海洋性气候,西部日本海沿岸则偏重大陆性季风气候。

展,东京已经成为世界上重要的短期资金市场、存贷市场和公司债券、股票市场等。

东京短期资金市场由两部分组成,一部分是公开市场,除有法律明文规定禁止参与加入公开市场进行交易的人员之外,任何人均可以参与这一市场。另一部分是同业拆放市场,这一部分只有金融机构才能参加进来。自从日本70年代进行金融体制改革之后,这种短期资金市场得到了很大的发展,成交额也逐步得到提升。据权威人士统计,1976年,日本短期资金市场的成交额只有10亿日元,但是到了1983年,便猛增到36亿日元。这种跨越式的递增表明,日本东京地区的短期资金市场得到了重大发展,东京在世界金融领域所发挥的作用越来越大。就东京的存贷市场发展情况而言,在20世纪70年代之前,由于存款利率在长达20年的时间里基本上没有什么变化,所以这种存贷市场给经济所带来的影响并不十分明显。到了70年代以后,日本政府修订了《临时利率调整法》,从此,存款利率开始变得富有弹性,这为东京存贷市场的发展带来了新的契机。东京金融市场的贷款利率也由来那个部分组成,一部分是保底利率,也就是由长期信用银行自主决定的长期最低利率;另一部分是由与再贴现率联动的短期最低利率所组成。由于日本政府修订后的《临时利率调整法》对于贷款所规定利率的上限很高,基本上没有超出的可能,这为东京存贷市场自主决定存贷利率创造了便利的条件,直接带动了存贷市场的繁荣和发展。实际上,东京存贷市场发展的实践也表明,日本政府这种规定存贷款上限的做法其实并没有约束力,因为东京地区贷款利率一般都在法律规定的利率上限以下波动。就东京地区公司债券、股票市场发展情况而言,随着日本经济的迅速发展和日元逐渐走向世界,越来越多的国外投资者将眼光投向了东京地区的金融市场,使得东京的债券和股

【走近日本】

日本境内矿产资源贫乏,主要有石灰石、硫黄、铜、铋等。森林资源丰富,总面积2 512万公顷,人均林地约0.2公顷,森林覆盖率高达66.67%。

票市场也迅速国际化。据资料记载,1978 年,外国投资者在东京债券市场交易中所占的比重仅有 3%,到了 1983 年,外国投资者所占的比重便上升到了11%,平均每年递增近两个百分点;1975 年,国外投资者投资于债券发行市场的比重不到 1%,到了 1982 年,这个比重就上升到了将近5%,平均每年上升近一个百分点;1975 年,国外投资者投资于东京股票市场的比重仅有 5%,到了 1983 年,这个比重就上升到了17%,平均每年递增近两个百分点。这种现象表明,东京金融市场已经逐渐走向了世界,东京已经发展成为继纽约和伦敦之后的世界第三大金融中心,成为金融界的一枝独秀。

第四节 财富名人榜——岩崎弥太郎

1834 年 12 月 11 日，岩崎弥太郎出生于安艺郡井口村。父亲弥次郎是个"地下浪人"，因家境中落丧失了乡居武士的地位，不再有武士家族的荣耀。

1870 年 9 月底，弥太郎来到东京，与别人成立了"九十九商会"，弥太郎是负责人。

1873 年 3 月，"九十九商会"改为"三菱商会"。

1874 年，日本侵略台湾，弥太郎积极向内务大臣请示承揽一切军需输送工作。大臣同意政府购买 13 艘汽船，托与三菱。1877 年日本国内发生西南之役，三菱全力参与军事运输，又发了一笔横财。至此，三菱共拥有 61 艘汽船，吨位高达 35 464 吨，占全日本汽船总吨位的 73%，一跃而成为日本国"海上霸主"。

1881 年，一直庇护三菱的政府核心人物大限重信失势下野，而跟三菱息息相关的伊藤组成长洲藩阀政府。伊藤唯恐大限的政治影响力与岩崎的雄厚财力相结合，会对政府造成极大的威胁，便与三菱公司联手成立一家实力空前的大公司——共同运输公司，试图压垮三菱的海运公司，断绝三菱的财源。这两家公司竞争的最终结果是于 1885 年 2 月 5 日签订临时协定，在运费等方面做出统一规定。

1885 年，因为长期劳累，饮酒过量，岩崎弥太郎罹患胃癌。2 月 7 日，病情突然恶化，撒手人寰，结束了他波澜起伏的传奇一生。

　　一次偶然的机会,弥太郎把一位高级干部叫到他私人的住所去,交给他一张公司的便条纸写的请假单,并斥责他说:"你到底在干什么?"那位高级干部突然遭到严厉的斥责,完全不知所措,仔细看过字条后,才发现是自己前几天所写的一张请假单,而这张请假单是用公司的便条纸写的。

　　这时岩崎弥太郎语气更为恶劣地说:"你身为公司的高级干部,都无法公私分明,浪费公司的便条纸写私人的请假理由,究竟是什么道理? 我要严厉地处分你! "于是当场下令罚他减薪一年。这位干部自己也知道犯了大错,立刻就向岩崎弥太郎道歉,并且心甘情愿地接受处罚,此后的工作态度变得更积极活跃。

　　所谓千里之堤,溃于蚁穴,就是这样,一张小便条的浪费,可能就是公司经营危机的开始。

第五节　世界第三大金融中心

随着东京金融市场的不断完善和发展,到了 20 世纪 80 年代末期,东京金融市场的规模已经可以与美国纽约和英国伦敦相匹敌,至此,东京金融市场成为一个与纽约和伦敦相并列的世界上三大金融市场之一。在相当长的时间,由于日本经济总量仅次于美国,稳居世界第二,日元在国际贸易中的影响也越来越大,并且又是世界上最大的债权国,这给东京带来了新的契机。近年来,尽管日本经济发展放缓,但仍有可能东京会在未来的几十年里取代纽约和伦敦,发展成为国际最大的金融中心。

目前,东京聚集了世界上绝大多数的银行,是世界上最大的银行业聚集地之一。尽管东京地区仅有七十余家银行,但是其银行存款却达到了将近 5 万亿美元,居世界首位。除此以外,东京外汇市场也十分发达,据资料记载,仅 2004 年一年时间之内,东京外汇市场成交额便占到近 2 000 亿美元,占全球外汇市场份额的

8%,仅次于纽约和伦敦。不仅银行和外汇市场十分发达,东京地区的证券交易所也十分发达,东京证券交易所是世界上第二大市值股票交易所。发达的银行业和股票、证券等交易市场为东京谋求作为国际最大的金融中心奠定了坚实的基础,东京金融市场对国际经济的发展所起的影响也与日俱增。总体而言,东京金融市场对国际经济的发展所起到的影响主要体现在以下几个方面。

第一是东京金融市场的发达可以为亚太地区筹集其经济发展所需的资金。随着亚太地区国家政局的稳定,从20世纪70年代后半期开始,亚太地区经济便步入了一个发展的黄金时期。随着亚太地区国家经济的进一步发展,缺乏资金是这些国家所面临的共同问题,资金的缺乏严重阻碍了该地区经济的发展,因此,这些地区的政府和投资者急切需求一条可以顺利得到资金的畅通渠道。正是在这种背景之下,日元走向了国际舞台,随后东京又成为国际第三大金融中心,再加上亚太地区与日本相邻,这为该地区的经济突破这个缺乏资金的瓶颈性障碍提供了一条捷径。据资料记载,从1970—1985年这15年间,由亚太地区各国与亚洲开发银行公开筹集的外债,其金额占到东京金融市场交易额的25%;从1971—1984年这十三年间,亚太地区各国在东京债券市场举债次数多达三十余起,占到东京债券市场举债总额的30%。通过这种方式,亚太地区的国家获得了自身经济发展所需的资金,迅速突破了经济发展的瓶颈性障碍,东京金融市场的发达为亚太地区经济的崛起创造了便利的条件。

除此以外,东京成为世界上第三大金融中心之后,还为世界各国提供了更多的金融交易的机会。实际上,从东京金融市场发展的轨迹上来看,东京金融市场所面向的仍然局限于西太平洋地区的国家,而没

【走近日本】

第二次世界大战后,日本经历了两次生育高峰:1947—1949年和1971—1973年。此后,人口增长趋于稳定,并呈下降趋势。人口密度为每平方千米339人,是世界上人口密度最大的国家之一。

有真正意义上的走向世界，当然，这与东京所面临的特殊的周边环境有关。目前，在东京的周边地区一共有新加坡、菲律宾和中国香港、中国台湾四个离岸金融中心，在这些离岸金融中心当中，最早的当属中国香港及新加坡，东京离岸中心成立较晚，这使得它在发展中面临许多困境。但是，由于有日本雄厚的经济实力做后盾，其业务发展也十分迅猛。东京金融市场的迅速发展壮大，受益最大的当属周边地区的政府和投资者，在西太平洋地区所有的离岸金融中心当中，东京离岸金融中心所起到的作用也是最大的。由此我们可以看出，世界上各大金融中心都是在以其周边的国家作为腹地的基础上发展起来的，无论是曾经盛极一时的阿姆斯特丹金融中心还是后来居上的伦敦金融中心抑或二战后的纽约金融中心，都离不开这样一条先由周边地区而后走向世界的发展规律，东京金融中心的发展当然也摆脱不了这条规律的束缚。但是，由于除了东京外，西太平洋地区还有其他离岸金融中心，一定程度上又为东京金融中心摆脱这条规律的束缚创造了条件。

第六节　财富名人榜——松下幸之助

　　1894 年,松下幸之助出生在日本一个贫寒的家庭里,在松下很小的时候,由于家境的窘困,兄姐一个个夭折,而父亲又欠了许多债。于是,刚上小学四年级的他就不得不离开父母来到大阪,开始了个人独立生活的历程。刚到大阪时,松下在一家火盆店开始了学徒生涯。

　　1910 年,年轻的松下毅然辞去了自行车店的工作,来到大阪电灯公司做练习工。这个工作看似低微、不起眼,却改变了松下的一生,从此他的一生便与这个行业无法分开了。

　　1917 年 11 月,经过数年的反复试验,松下幸之助生产出改良灯插座。1918 年,经过改进的新灯插座得到了市场的承认,价廉物美带来的是滚滚财源。

　　1949 年 2 月,美方逐渐改变对日政策,日本经济略有复苏。松下在长期的忍辱负重中看到了希望。经历了许多的磨难,除了雄心之外,松下比过去多了些沉着、冷静和谦逊。松下也重新定位了自己的企业,他不再把自己当成一个有所成就的企业家,而是当成业界的小字辈。当然,松下并不是鄙薄自己和松下电器,而是站在企业界的立场审视、评价自己和松下电器。基于这样的认识,他提出了已有33年历史的松下电器"重新开业"的口号。

　　1961 年,正值事业巅峰的松下幸之助宣布退休,但 3 年后的一场危机又把这位年届 71 岁高龄的老人推到了浪巅。由于日本经济的过度膨胀,市场急剧恶化,到 1964 年,因经销商无法获利而怨声载道,如果解决不好,可能会造成经销商大量流失的严重局面,松下毅然决定,以董事长的身份暂时代理公司的营业部部长职务。这个职务重新燃起了他年轻时代的斗志,每天按时上班,在第一线工作。在他的努力下,公司不但走出低谷,又上演了一出在经济不景气时期高速增长的好戏,全国 200 多个销售公司联合给他赠送了一尊"天马行空"像,以表示感激之情。

1973 年,松下幸之助辞掉董事长,改任顾问。

1989 年,松下幸之助逝世,留下了 15 亿多美元的遗产。

现在,松下电器在全球 45 个国家和地区有 237 家企业,其中在中国就有 58 家,北美 26 家、南美 11 家、亚洲及太平洋地区 83 家、欧洲 53 家、非洲 6 家,全球职工人数 29.2 万人。松下电器 2004 年营业总收入 662.8 亿美元,位于《财富》世界五百强第三十一位。

名人轶事

有一次,松下在一家餐厅招待客人,等六个人都吃完主餐,松下让助理去请烹调牛排的主厨过来,他还特别强调:"不要找经理,直接找主厨。"助理注意到,松下先生的牛排只吃了一半,一定是不好吃,于是就认为过一会儿的场面可能会令厨师很尴尬。

主厨来时很紧张:"是不是烹调上出了什么问题?"

"烹调牛排对你已不成问题,"松下说,"但是我只能吃一半,原因不在于厨艺,牛排真的很好吃,但我已经 80 岁了,胃口大不如前。"松下先生接着说,"我想当面和你谈,是因为我担心,你看到吃了一半的牛排被送回厨房,心里一定会难过。"

第二章　迅速崛起的日本财富

今天以银行、化学、金属冶炼为核心产业的住友财团，其前身便是御用商人。在明治维新前，住友家族以冶炼铜为基础，开发铜矿，进行铜贸易，逐渐发展成当时日本经济中心大阪的三大富豪家族之一。当今日本第一大企业航母——三井财团的前身是幕府指定的"公金为替"的"御用达"，也就是政府金银兑换的御用掮客。其实幕府给三井家族托管的巨额政府资金相当于无息贷款。三井家族利用这笔钱在大阪、江户和京都建立了货币信用网络，在日本金融界独占鳌头。

　　凡是一个人不相信自己能够做成一件从未为他人所做过的事时，他就永远不会做成。你能觉悟到外力之不足恃，而把一切都依赖于自己内在的能力时，不要怀疑自己的见解，要信任自己，尽量表现你的个性。

　　"勇于向前"是罗士查尔德的终身格言。其实也可以说是在这个世界上遗留下痕迹的一切人的格言。

　　斯蒂芬森、福特、敦菲尔特、贝尔摩士、爱迪生、马可尼，这些都是各时代各地方的先例的破坏者。这些人开辟了新领域，推动着人类文明向前发展。

　　无畏的气概、创造的精神，是一切伟人的特征，无疑也是具有高财商的人的素质。对于陈腐的规则和过时的秩序，他们是不放在眼里的。

第一节　被打破的日本经济格局

在明治维新之前,日本是一个四分五裂的国家。276 个叫作藩主的诸侯掌握实际地方统治权,叫作幕府的大军阀则像曹操一样"挟天子以令诸侯",以武力手段掌握全国最高统治权,天皇只是一个名义上的日本共主。

当时作为统治者的武士阶层认为,从事工农商行业是卑贱的。早期日本金融业有点类似于早期的德意志诸邦国,由"御用商人"掌控。这些御用商人为政府经营政府存款,偶尔也向普通市民阶层发放贷款。

今天以银行、化学、金属冶炼为核心产业的住友财团,其前身便是御用商人。在明治维新前,住友家族以冶炼铜为基础,开发铜矿,进行铜贸易,逐渐发展成当时日本经济中心大阪的三大富豪家族之一。

当今日本第一大企业航母——三井财团的前身是幕府指定的"公金为替"的"御用达",也就是政府金银兑换的御用掮客。其实幕府给三井家族托管的巨额政府资金相当于无息贷款。三井家族利用这笔钱在大阪、江户和京都建立了货币信用网络,在日本金融界独占鳌头。

1854 年 2 月,美国海军准将佩

> **【走近日本】**
>
> 日本人口分布不均衡,约有80％的人口集中在太平洋沿岸的狭窄平原地带,日本海沿岸人口较少。城市人口比重为79％,百万人口以上城市人口占总人口的38％。

里率领 9 艘战舰组成的舰队武力入侵日本，即为历史上著名的"黑船来日事件"。日本幕府当局被迫于 3 月 31 日同佩里签署了《日美亲善条约》。随后，日本与欧美列强签订了一系列不平等条约。根据这些条约的规定，外国货币可以在日本自由流通，日本幕府与各藩制造的货币可以自由输入输出和自由铸造，但是，日本人与外国人进行交易时只能用外国货币支付。实际上，日本货币已被边缘化，日本政府也丧失了货币自主权。

【日本经济】

　　日本是单一民族国家，除有极少数（约2.5万）阿伊努人外，全部为大和民族。在日本的外侨和外裔人中，以朝侨最多，约60万，其次为华侨。

由于日本金银兑换率是 1∶5～1∶6，国际兑换率为 1∶15，结果，日本黄金大量外流。外国金融家在香港将其他国家的银币熔解重铸成日本银币，与日本金币兑换。不仅如此，日本优质银币也大量外流，1869 年横滨正金银行一个月输出的银币就有 200 多万枚。

日本原先的货币信用体系崩溃瓦解，造成严重的通货膨胀。

1857—1867 年，日本物价上涨了 7 倍左右。幕府政府和各藩财政收入面临枯竭的危险。在这种情况下，他们只能举借外债勉强度日。从黑船来日开始到明治维新之前，仅 276 个藩中的 37 个藩就向欧美金融家借款 400 万日元。控制了一国的国债就控制了这个国家。丧失了金融自主权的

【日本经济】

　　侨居海外的日本人，主要分布在美洲，以巴西、美国、秘鲁、加拿大等国为多。在宗教信仰方面，佛教和神道教是并立的两大宗教，其次为基督教和天主教。

日本政府完全被外国人控制，尤其是英国人。当时在日本的外国金融机构的主力是英国银行。

　　幕府最终统治者井伊直弼并未奋发图强，反而成为外国势力在日本的总代理人。他压制各地诸侯，规定出口商品只能通过幕府控制下的江户商人同外国商人交易。这激起了日本各地诸侯和中下层武士组成的以高杉晋作为代表的"倒幕派"的不满与反抗。像三井家族这样首鼠两端的大商人一面支持幕府，一面却又给"倒幕派"提供资金。不管谁输谁赢，他们都能捞取政治上与经济上的好处。在大商人与地方诸侯的支持下，"倒幕派"四处斩杀幕府官员和欧美人。

　　同样是反抗帝国主义的殖民与金融霸权，中国与日本所受到的待遇却完全不同。强大的八国联军横扫北京，而对日本只是派了十几艘军舰炮轰了事。在欧美人看来，中国的人口和国土与整个欧洲相当，一个强大的中国崛起在世界之时，便是它们衰败之际。而日本则不同，日本不可能成为超级强国，对欧美列强没有颠覆性的威胁。由于不能不说，树大招风不是好事。大象在猎人的眼中是美食却无法保全生命，蚂蚁毫无价值却能苟且偷生。

第二节　日本财富集团的崛起

　　1868 年,鸟羽伏见战役爆发,幕府军队被拥戴天皇的政府军队击败,幕府政权彻底瓦解,"倒幕派"胜利。同年,轰轰烈烈的明治维新开始了。日本一向遵从"事大主义",面对强者俯首帖耳,面对弱者则横行霸道。就像 1 000 多年前向中国派遣"遣唐使"一样,大量的"遣英使"被明治政府送到英国学习。包括武士阶层在内的全体日本人也鸟枪换炮,开始剃发易服,摇身一变成了现代人。

　　然而,明治政府却面对着幕府遗留下来的金融烂摊子。市面上

有高达 1.46 亿日元的种类庞杂而混乱的欧美诸国、幕府和各藩发行的金银铜各色货币在流通。非常幸运的是,1866 年,在日外国银行纷纷倒闭,国外金融资本逐渐萎缩,未能彻底渗透日本。为了整顿金融秩序并筹措维新经费,明治政府于 1868 年

2 月开始发行不能与金银兑换的"太政官纸币"。太政官纸币按照全国粮食产量一石一两的比例,短短 3 个月就发行了 4 800 万两,逐渐取代了以前的各种货币,成为全国流通的法定货币。

　　1873 年,内务卿大久保利通规划日本经济与产业政策,大藏卿大隈重信执掌财政金融大权。内务省是天皇的幕僚机构,内务卿是天皇第一顾问。大藏省是日本的财务部,主管财政、金融和税收,大藏卿相当于财政部部长。大隈重信便是向袁世凯政府提出旨在吞并中国的"二十一条"的始作俑者。大隈重信认为,财政的根本问题在于国际收支不平衡和黄金外流,因此要以出口为导向,振兴日本民族产业,大力推行"殖产兴业"政策。如果要殖产兴业,必得由政府来筹集资金,打通金融渠道。

　　1876 年 8 月,在大隈重信的主持下,日本政府修订了《银行法》,规定国立银行发行的银行券必须不以金银等硬通货而以太政官纸币为存款准备金。没有硬通货做保证,结果只有一个,那就是持续的通货膨胀。到 1878 年年底,银行券发行量达到 1.65 亿日元,纸币

【日本经济】

　　日本工业化历史不长，但发展极快。1868年明治维新后，日本才进入资本主义发展阶段，1900年工业产值只相当于英国的5.5%，1939年提高到英国的36%。第二次世界大战后，日本经济迅速恢复与发展，到20世纪60年代中后期，相继超过英、法和联邦德国，80年代又超过当时的苏联，成为仅次于美国的世界第二经济大国。

币值连续跌落。实际上，大隈重信早就知道这个结果。他不过是有意通过不可兑换的纸币搜刮民间财富，将其转移到政府手中，为明治维新的各项事业积累资本。

　　此外，他还大借国债达1.74亿日元。1870—1872年，大隈重信通过英国金融家，以海关收入和铁路收益为担保，发行了100万英镑、年利率9%的国债作为建设资金，建设了日本第一条铁路——东京至横滨的铁路。此后，又通过类似方式，开通了大阪至神户、大阪至京都的铁路，将日本政治、经济、金融与贸易中心城市连为一体。

　　日本的纸币和美国林肯总统的绿背美元一样，是一种主权信贷工具。通过这种信贷工具与外债，明治政府拥有了足够多的可以扶持官营工业的资金。饱尝西洋人坚船利炮之苦的日本人认识到近代化工业技术，尤其是军事工业技术的重要性。于是乎，以机械化为核心的日本工业近代化应运而生。

　　在近代商业与炮舰俱进的时代，巩固国防之本在于引进近代化技术的洋枪洋炮，要引进洋枪洋炮，兵器制造的国产化则必不可少。要引进近代化机床、钢材等设备材料，就会因为入超引发财政困难。要解决这些问题只有发展产业技术，生产出能够赚取外汇的国内产品。为此,就需要在国内生产出用于加工产品的机床和钢铁。在大久保利通和大隈重信的主持下,日本官营工业以强兵为目的,以军事机械工业为核心,以矿山、铁路、造船和钢铁等重工业为重点,同时推进邮政、通信、化工和农业等产业。殖产兴业政策卓有

【日本经济】

日本经济的高速发展得益于当时有利的国际环境,以及政府大力引进国外先进技术,高度重视科教和人才的培养,推行独特的企业管理制度等,这些都使日本得以在短期内成为世界经济最发达的国家之一。

成效,到甲午战争之前,日本军队的大炮基本实现国产化,可以自给自足,无须进口。

1883 年,按照伊藤博文的建议,明治政府仿效英格兰银行,创建日本中央银行——日本银行。政府只拥有日本银行一半的股份,其他都归日本大企业、大商人所有。日本银行发行的货币有硬通货做准备金,此前发行的各种银行券和货币均由日本银行统一兑换和注销。没过多久,日本货币流通均被日本银行发行的新货币垄断,不仅通货膨胀的势头被遏制住了,而且其他银行逐渐转变为受日本银行管理的商业银行。日本货币信用体系逐渐建立并日趋完善。

日本重工业形成规模之后,明治政府开始将官办工业几乎无偿转售给民间富豪家族,来培植大财团,建立巨大的企业复合体——"株式会社"。股份在日语中叫"株",如一股,日本叫作"一株",株式会社即股份公司。日本股份公司的始祖是涩泽荣一。涩泽荣一原本在大藏省幕僚机构"改正挂"担任挂长,相当于现在的体制改革研究所所长,参与了明治维新几

乎所有重大经济政策的规划。

后来他弃官从商，创办并完全控制了第一国立银行。这家银行不仅是日本首家近代金融机构，同时也是日本首家股份制企业。日本早期出口创汇的支柱之一是生丝生产，直到19世纪80年代仍占日本出口金额的30%。但从当时的情况来看，生丝企业的资金匮乏，常常需要生丝批发推销商为它们垫付流动资本。而生丝批发推销商本身的资金毕竟有限，往往寻求欧美金融家的资金支持。由此，生丝贸易的金融控制权完全被外国人掌握。1881年，横滨生丝批发推销商联合成立了生丝联合储存事务所，涩泽荣一的第一国立银行筹资500万日元鼎力相助，将生丝贸易的金融控制权夺回到日本人的手中。

除了第一国立银行外，涩泽荣一还参与建立了500多家股份公司，成为日本株式会社制度的祖师爷。在他的推动下，日本的股份公司在不到30年的时间中便如雨后春笋一般涌现出来。到1896年为止，日本各类企业的总数为4 596家，其中股份公司为2 583家，占56.2%。随着株式会社的普及，明治政府提供大量资金援助和技术支持，逐渐培育出十几个大财阀集团，其中最大的四家分别是三井、三菱、住友、安田四大财阀。

三井一直居日本财阀之首。在日本明治新政权与德川幕府的争斗中，三井家族曾资助新的天皇制政府，并为军队支付过军饷。明治政权获胜后，作为报答便让三井家族掌管政府资金——官银出纳和汇兑，其还获得发行三井票的货币发行垄断特权，大获其利。1876年，三井家族以掌握官银为基础开办起三井银行。接着，三井又开办起三井物产公司，并从政府手中廉价购得一批工矿企业。1910年，在发展军需品大发横财的基础上，三井成立了名

【日本经济】

日本经济规模庞大，部门结构完整，发展水平高，工业品产量大，很多产品名列世界前茅。日本生产密度大，每平方千米创造产值达1 211万美元，远远超过美国的133万美元的水平。至2006年，日本拥有约1.5万亿美元的海外资产，是世界最大的债权国。

为三井合名公司的持股公司。通过该公司，三井向几乎所有的经济领域投资，控制了一大批中小企业，形成三井财团。直到今日著名企业索尼、丰田和东芝仍属于该财团。

三菱起始于岩崎弥太郎创立的三菱商会，之后获得了政府的保护，从而得以独占日本的海运业。1885年弥太郎去世后，其弟岩崎弥之助继承了经营大权。岩崎弥之助将公司改名为"三菱社"，并将1881年收购的高岛煤炭和1884年租借的官营企业长崎造船所（后发展为三菱重工业）作为其核心产业。1893年，三菱社改组为三菱合资会社。该公司后通过持股方式设立了众多子公司，逐渐进入造船、采矿、造纸、铁路运输和贸易等行业领域。

住友在引进外国的技术和机械后生产能力得到大幅飞跃。在吸收西洋技术来不断扩展铜产量的同时，机械工业、石炭工业、电线制造业、林业等关联事业也相继得以发展。最后，发展成为以矿工业和金融业为中心的大财阀。

安田创始人安田善次郎1863年以25万两黄金为资本，在东京开办"安田屋"钱庄，发展顺利。1879年，安田经政府批准，以钱庄为基础创办私营安田银行，并逐步向纺织、建筑、铁路交通等领域扩展，形成了包括几十家企业的大财阀。1966年，安田被改组为富士财团。今日日本著名的日产汽车、日立、佳能、富士银行和札幌啤酒均属于该财团。

第三节　财富名人榜——原一平

　　1904 年，原一平出生于日本长野县。他的家境富裕，父亲德高望重又热心公务，因此在村里担任若干要职，为村民排忧解难，深受敬重。

　　23 岁那年，原一平离开家乡，到东京闯天下。第一份工作就是做推销，但是碰上了一个骗子。为此，原一平陷入了困境之中。

　　1930 年 3 月 27 日，对于还一事无成的原一平是个不平凡的日子。27 岁的原一平揣着自己的简历，走入了明治保险公司的招聘现场。最终成为保险公司的一员。3 年内创下了全日本第一的推销纪录，到 43 岁后连续保持 15 年全国推销冠军，连续 17 年推销额达百万美元。

　　1962 年，他被日本政府特别授予"四等旭日小缓勋章"。获得这种荣誉在日本是少有的，连当时的日本总理大臣福田赳夫也羡慕不已，当众慨叹道："身为总理大臣的我，只得过五等旭日小缓勋章。"

　　1964 年，世界权威机构美国国际协会为表彰他在推销业做出的成就，颁发了全球推销员最高荣誉——学院奖等等，他是明治保险的终身理事，业内的最高顾问。真正是功成名就了！

　　1984 年，原一平因病去世。

　　只有不到 1.5 米的身高，却连续十六年荣登推销业绩全国第一宝座，原一平创下的世界推销纪录 20 年未被打破，是日本历史上最为出色的保险推销员。

有一次招聘，主考官瞟了一眼面前这个身高只有145厘米，体重50公斤的家伙，抛出一句硬邦邦的话："你不能胜任。"

原一平惊呆了，结结巴巴地问："何以见得？"

主考官轻蔑地说："老实对你说吧，推销保险非常困难，你根本不是干这个的料儿。"

原一平被激怒了，他头一抬："请问进入贵公司，究竟要达到什么样的标准？"

"每人每月10 000元。"

"每个人都能完成这个数字？"

"当然。"

原一平不服输的劲儿上来了，他一赌气："既然这样，我也能做到10 000元。"

原一平许下了每月推销10 000元的诺言，但并未得到主考官的青睐，勉强当了一名"见习推销员"。没有办公桌，没有薪水，还常被老推销员当"听差"使唤。在最初成为推销员的7个月里，他连一分钱的保险也没拉到，当然也就拿不到分文的薪水。为了省钱，他只好上班不坐电车，中午不吃饭，晚上睡在公园的长凳上。

然而，这一切都没有使原一平退却。他把应聘那天的屈辱，看作一条鞭子，不断"抽打"自己，整日奔波，拼命工作，为了不使自己有丝毫的松懈，他经常对着镜子，大声对自己喊："全世界独一无二的原一平，有超人的毅力和旺盛的斗志，所有的落魄都是暂时的，我一定要成功，我一定会成功。"他明白，此时的他已不再是单纯地推销保险，他是在推销自己。他要向世人证明："我是干推销的料儿。"

第四节　金融主导权的丧失

明治维新后的日本形成了强大的财阀集团，日本的重要产业，如钢铁、煤炭、水泥、金属、机械、造船和纺织等也逐渐兴起。与此同时，日本早在 1878 年便模仿德国成立日军参谋本部，它成立之初的主要工作，就是调查中国的地理、人文和军事状况，为中日之战做准备。

与日本类似，大清政府并未自甘堕落，也在开展洋务运动，寻求自强之道。中国"海归"之父耶鲁大学博士容闳 1863 年向曾国藩的谏言极为高明——"中国今日欲建设机器厂，必以先立普通基础为主，不宜专以供特别之应用。所谓立普通基础者，无他，即由此厂可造出种种分厂，更由分厂以专造各种特别之机械。简言之，即此厂当有制造机器之机器，以立一切制造厂之基础也。"

以李鸿章、张之洞为核心的清廷官僚与以容闳为技术支持的海归们，以更为解放一些的思想，更快一些的改革步子，大干快上、多快好省地建设大清近代化工业。1865—1894 年，共创办了 19 个官办的兵工厂和造船厂，75 个制造业工厂和 33 个煤矿、金属矿，其中最大的为上海机器制造总局（亦称江南机器制造总局）、金陵制造局、汉阳兵工厂、开平煤矿、湖北织布局和上海

【日本经济】

日本经济垄断性强。战前，日本四大财团占据最高统治地位。战后，日本由6大财团控制着全国资本的70％，实际控制着日本的产业社会，掌握了日本主要的经济命脉。

机器织布局等。

江南制造总局的大部分机器设备都是容闳从美国购入的工作母机。在当时,江南制造总局已成为东亚最先进最齐全的机械化工厂。然而,张之洞曾上书朝廷说,全国最大的江南制造总局一个月只生产 100 支枪,一年只生产 1~2 门炮。统计数据显示,江南制造总局在 1865—1875 年仅造了 7 艘船,1876—1904 年竟然只造了 1 艘。区区几艘船还均为仿制,吨位很小。至于金陵制造局,其规模生产设备非常先进,但产品不尽如人意。英国人贝斯福 1898 年对金陵制造局的情况评论说:"机器设备很好,主要购自英国,间或也有德国和瑞士的。机器是现代的、头等的,但用来制造过时的无用的军需物品,他们正在大量地制造一种小炮,只能放射一磅重的炮弹。大部分的机器用来制造抬枪。"

在中国实地考察过的日本大阪工厂主作山专吉在《工业之大日本》杂志 1907 年第 10 期上说:"清朝人对待机械是非常粗暴的,他

们不仅不重视对机械进行修理,而且,还把机械一直使用到不能使用为止,与其他国家相比,他们使用和保存机械的周期是非常短的。这是因为,他们操作、对待机械的观念是极其幼稚的。我在武昌纺织厂考察的时候,对堆积在工厂仓库里的据说是不能使用的织布机进行了调查。结果,我意外地发现,这里有许多稍加修理就能够使用的织布机,我为他们的粗心和浪费而感到惊讶。"

同样是官商,明治维新日新月异,形成财阀,而中国却始终无法跳出窠臼。究其原因,在于经济缺乏独立性,尤其是金融主权的独立性。在工业技术上,秉持"造不如买,买不如租"的懒汉思想,大量学成回国的留学生得不到重用。两江总督宝泉在 1896 年曾上奏朝廷描述过这种情况——留学西方大学与军校的海归们由于没有参加科举考试而下岗待业,处于半饥饿的状态。而工厂中的技术人员与管理人员却充斥着欧美人,连国家海关总署都被英国人赫德控制。

金融主导权更是丧失不存。鸦片战争之后,英、法、德、美各国金融资本大举进入中国,尤其以汇丰银行为代表的英资银行将中国传统而古老的钱庄、票号打得溃不成军。从镇压太平天国以来,为筹措军费,清廷就开始向西方金融家大举借款。其中最为典型的便是 19 世纪 70 年代左宗棠在西北的平叛筹款。清军先后借款 6 次,借款总额高达 1 595 万两白银,占军费总额的 15%。其中 4 次是向外国金融家借钱,总额为 1 075 万两白银。外国金融家从这次借款中赚取了 100% 的暴利。此外,创办企业,修建铁路,哪一项都需要举借外债。仅就汇丰银行来说, 从 1881 年到 1895 年,就借给清廷 2 022 万两白银。通过国债,欧美列强特别是英国逐步渗透入中国金融主权。

【日本经济】

　　日本经济具有强烈的对外依赖性。日本国内资源贫乏,90% 以上原料靠进口,日本是世界上进口工业原料最多、对国外资源依赖程度最大的国家;同时,工业品大量出口,日本也是对国际市场依赖程度最大的国家之一。

第五节 甲午战争中的财富风云

甲午战争在日本称为日清战争。战前日本的军费预算为 2.5 亿日元,实际支出约 2 亿日元。其中公债达 1.17 亿日元,欧美金融家认购的达到 967 万英镑,相当于 8 394 万日元。当时,1 日元兑换 0.71 两白银,1 英镑兑换 6.1 两白银或 8.6 日元。而中国以"天朝上国"自居,并未将这场战争看得多么重要,李鸿章向朝廷索要的经费不过 300 万两白银,只有日本预算的 16.9%,而实际投入的战争经费才寥寥 18 万两白银,不过是日本的 1.3%。

甲午一战,中国惨败,只好签订了丧权辱国的《马关条约》。中国向日本赔偿以当时的世界货币英镑支付的价值 2.3 亿两白银的战争赔款,并割让台湾岛和辽东半岛。日本的胜利让欧美各国刮目相看,其国际声望与地位一跃超过中国,一夜之间跻身列强行列。

1896 年 4 月,俄、德、法三国劝告日本放弃根据条约第二条取得的享有辽东半岛的权利,此即"三国还辽"事件。他们的理由是:中国的首都受到威胁;妨碍远东和平。当时日本倾举国之力打赢战争,自己也元气大伤,有待恢复。尽管陆军在做下一步作战的准备,但海军却无力与三国海军对阵。如果海上联系被三

【日本经济】

日本经济经济地域差异明显。工业生产集中于三湾一海地区,以东京为中心的太平洋沿岸的"表日本",是全国经济最发达的地区,这里集中了全国 60% 以上的工业企业、工人人数和近 2/3 的工业产值;而日本海沿岸的"里日本",则发展相对缓慢,这里是日本传统的农业区,是日本的水稻和商品粮基地。

国海军切断，日本在中国东北和朝鲜的军队，便会陷入完全孤立无援、生存受到威胁的境地。日本只好索取3 000万两白银的赎辽费，将辽东归还中国。

1895年10月—1900年5月，日本分5次接受战争赔款及赔款利息，加上赎辽费，共获得约3.64亿日元。当时普通人只要花100日元就可以在日本盖一幢不错的"一户建"，也就是中国普通意义上的小别墅，因而大多日本人基本都是住在这种房子中。用这笔钱可以盖上364万幢"一户建"，以每幢可以住5个人计算，可以容纳当时日本3 000万人口中的一大半。

当然，日本政府并未利用这笔资金来改善民众生活，而是开始了大规模的陆海军军备扩张计划。其中海军扩建费为1.4亿日元，陆军扩建费为5 680万日元，军舰、鱼雷艇补充经费为3 000万日元，共有3.26亿日元投入军费及军备扩张上，从而迅速走上了军国主义道路。

中国的损失却远远不止这么一些赔款与割地。穷途末路的清廷根本无力筹措巨额赔款，于是各国金融资本均将对华的条约赔款贷款作为抢夺在华势力范围与对华金融控制的大好良机。

1895年7月6日，在俄国财政大臣维德的指使下，由圣彼得堡国际银行经理罗特什钦主持，法俄两国主要是法国的10家银行组成的财团，与中国驻俄公使许景澄签订了《中俄四厘借款合同》。借款总额4亿法郎，

【日本经济】

日本工业高度发达，在其国民经济中，工业占绝对优势。2005年，工业占国内生产总值的40%，工业从业人员为1 417万，占总就业人口的26.8%。第二次世界大战后，日本是靠发展工业发家致富的，工业是日本的生命线。

合 1 亿金卢布,合白银 1 亿两,年利息率 4%,偿还期限36 年,前 15 年不能将全数还清,以关税收入为担保并均沾中国海关行政管理权。债票以 98.8%～99.2% 的价格分别在巴黎、日内瓦、布鲁塞尔、阿姆斯特丹、彼得堡等地发行。在巴黎金融市场上,此债券市价曾上涨到 102%,而且很快就被抢购一空。最后,各地认购额竟达 59 亿多法郎,超过发行额 12 倍多。清政府从这项借款中只拿到9 000 余万两交付日本,但实际支付本息高达 2.05 亿两,法俄金融家攫取了 1.15 亿两的利润。俄国金融家利用这笔钱中的一小部分在上海开设华俄道胜银行分行,在东北创办中东铁路公司,成为沙俄侵华的两大主要经济据点。

俄法放款后,英德两国金融家不甘落后,在政府支持下胁迫清政府向其举借债款,1896 年 3 月 23 日,大庆总理衙门与汇丰银行和德华银行签订《英德借款详细章程》。以海关收入为担保借款总额 1 600 万英镑,合白银 1 亿两,由汇丰银行和德华银行各承借一半,年利息率 5%,佣金 5.5%,分 36 年还清,不得提前一次还清。当时大清总税务司赫德认为这对"今后三十六年中保持海关现在的行政制度也有极重大价值",这次借款保证中国海关同过去一样仍处于英国控制之下。

清政府为偿付中日甲午战争对日赔款而举借了第三笔巨额债款。俄法借款、英德借款之后,仍不足偿付对日赔款。帝国主义再次压迫清政府举借外债。英德、俄法两大集团争夺激烈。英德集团

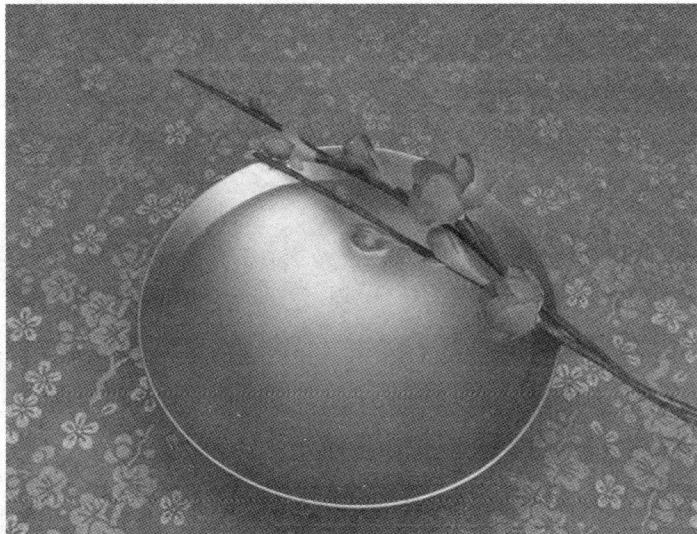

利用总税务司赫德的势力和种种威胁恫吓手段获胜。1898年3月1日，总理衙门与汇丰银行和德华银行在北京签订《英德续借款合同》。借款总额1 600万英镑，合白银1亿两；年息4.5%，偿还期45年，不得提前一次还清。除了海关收入外，还要以中国国内的税收做担保，英国人进一步控制了中国的金融与财政权。

【日本经济】

日本拥有世界一流的制造业，在微电子、半导体、节能环保等许多高科技领域处于世界领先地位。日本工业品产量多，质量好，在国际市场上有很强的竞争力。

即便不算借款附带的政治条件，这些对外的巨额贷款最后总计还款本息高达6亿两白银，欧美列强与金融家赚得盘满钵溢。其实，从甲午战争中获取最大好处的并非日本，也不是获得借款利润的欧美国家与其金融家，而是有意操纵白银贬值的国际金融资本。

中日两国当时都是银本位国家，但赔款必须以英镑支付，中国只有抛售白银来换取英镑。当时的欧美国家主要采用金本位制，它们有意操纵白银市场，迫使白银价格下跌。结果，中国用白银兑换英镑的纸币，损失巨大。1896年白银贬值到以前的一半，从1英镑兑换3两白银变成了6两~7两白银。

用白银换英镑，使得中国白银流通量急剧下降，造成严重的通货紧缩。实际还款的利息率要远远高于纸面上的名义利息率，也就是表面上看到的还款利息。这在对外贸易上表现得尤为明显。小农经济的清朝所进口的商品洋货、鸦片等都是刚性需求，数量变化较小，但由于白银贬值，进口贸易额迅速增长，造成严重贸易逆差。1885~1894年，中国每年平均进口金额为1.26亿两，出口为9 960多万

两。甲午战争后的 1898—1913 年，中国每年平均进口总额为 4 亿两，出口额仅为 2.51 亿两，贸易逆差接近 2 亿。而这每年 2 亿多两的对外债务都必须要由中国国内的实物资源作交换。由于通货紧缩，白银在国内的价值反而上升，外国人就可以用更少的钱换取更多的中国国内资源。换言之，列强就可以通过金融手段无偿掠夺中国更多的资源。

因此，中国的损失远远不止 6 亿两白银，即便以每年至少损失 2 亿两白银计算，1896—1913 年，中国被列强与其金融家至少掠夺了 45 亿两白银的财富，接近当时中国国内生产总值的 2 倍。

这也反映到了清廷财政收支上。甲午之战前，政府借款最多的一年即 1885 年不到总财政收入的 18%，支付借款本息最多的一年即 1892 年也不到关税收入的 20%。甲午战争之后，不仅海关收入，连国内的税收都作为贷款抵押被外国金融资本所控制。1896 年，清廷第一次出现高额财政赤字，达到 1 292 万两，此后则是年年赤字，入不敷出。后来，一些不甘寄人篱下的有识之士认识到金融主权的重要性，他们克服英、俄等外国资本的阻挠，组建华资银行，如盛宣怀于 1897 年创办的中国通商银行。中国的第一家中央银行——户部银行也于 1905 年创办。但这些举措都为时已晚，跻身强国之列的最佳时机已经消失无踪。

【日本经济】

日本是世界第三大能源消费国，但日本又是个能源资源十分贫乏的国家。2000 年，在日本的能源消费构成中，石油约占 50%，液化天然气占 13% 以上。日本除在日本海沿岸的新潟有一个小油田外，其余地区未发现油气资源，国内石油和天然气的 99% 靠进口，煤炭也几乎全部靠进口。

第六节　财富名人榜——本田宗一郎

1906 年 11 月 17 日，本田宗一郎出生在日本静冈县的穷苦家庭，他自幼对机械表现出特殊的偏好。高小毕业后，16 岁的他不顾父亲反对，毅然到东京一家汽车修理厂当学徒。6 年后，他在滨松市开设了自己的汽车修理厂——"技术商会滨松支店"。他技艺高超，待人诚恳，生意非常兴隆。就在这时，目光远大的他毅然关闭了修理厂，因为他觉得修理汽车不会有太大出息，自己应该从事更富有创造性的制造业。1934 年，经过仔细的市场调查，本田向职工提出：放弃汽修业务，转行生产汽车零配件。

1937 年，本田成功地制造出了汽车的关键零配件——活塞环。本田给自己的公司起名为"东海精密机械公司"。成为丰田汽车工业公司的主要供货商。

1948 年 9 月，本田宗一郎正式组建了"本田技术研究工业总公司"并自任社长，从此揭开了本田大发展的序幕。

1949 年，管理专家藤泽武夫加盟本田的事业，使本田的市场逐步扩大，后来他被称为"技术的本田宗一郎"，面民本田的第二号人物。

1951 年 7 月 15 日是个不平凡的日子，新型"理想"摩托车试车成功，这是划时代的标志！

1961 年，他开始研制高性能赛车，准备参加世界最高水平的 F1 大赛。

1965 年，本田赛车在 F1 赛场上顽强拼搏，终于获得冠军。这一胜利,意味着日本的汽车制造技术已经跨入世界先进水平。

1973 年,本田公司正式采用 CVCC 发动机生产"西比古"轿车,第二年又推出"阿科德"(雅阁)轿车,订单接踵而来。

1973 年,刚刚 66 岁的本田宗一郎选择退休,把位置留给年轻人,而这个接班人不是自己的亲属,只是一名普通的技术专家,这件事惊动了世界!因为本田认为,企业是社会的,而不是个人所有的!多么无私豁达的想法!

目前,本田拥有 470 项发明和 150 多项专利,创立了"本田"品牌,已经成为世界上最大的摩托车生产厂家。本田宗一郎是日本战后经济奇迹的创造者之一。被现代工业界誉为"亨利·福特以来唯一的最杰出最成功的机械工程企业家"。1971 年荣获意大利总理产业奖,1979 年获美国哈佛大学名誉博士学位,1980 年获美国机械工程师学会荷利奖,1989 年被美国底特律市"汽车殿堂"表扬等。

本田宗一郎在滨松市经营汽车修理分店时,结识了聪明美丽的青年教师阿幸,两个人产生了爱情。

阿幸的父亲是一位政府官员。平时对女儿管教很严,不让女儿随便出门,所以阿幸和本田见面很困难。但本田对阿幸爱恋很深,朝思暮想,于是他想到一个主意。

每到晚上,他将情书系在鱼竿上,递到阿幸的窗前,阿幸又把自己的回信从楼上吊下来。就这样,两人通过一根鱼竿传递爱情。相识两年后,在本田 27 岁的时候,他们结婚了。

第七节　左右日俄战争的国际金融资本

甲午战争后,俄、法、德三国迫使日本将辽东半岛还给中国,引起日本人的巨大不满。对于日本人来说,这是一种莫大的屈辱。日军官兵义愤填膺,民众舆论开始沸腾,举国上下谴责政府无能。明治天皇颁布特别诏书,昭示全国人民,以此来扼制一触即发的国民激愤。此后,日本国民在"卧薪尝胆"的口号下,紧密团结,齐心合力,大力发展军事工业,期待报仇之机。

尽管俄国在欧亚大陆拥有广袤的领土,但绝大部分是荒凉的不毛苦寒之地。在它的南部,横亘着帕米尔高原和喜马拉雅山的天然屏障,挡住了俄国的南进通道。俄国在欧洲的扩张受到德国的抵抗,在中亚的扩张受到了英国的制约。唯一南下的可行之路便是中国,特别是中国的东北地区。这个方向上没有强国,而且列强也鞭长莫及。

【日本经济】

2006年,日本日均消费石油516万桶,居世界第三。每日需进口520万桶。进口石油主要来自中东和非洲,占世界石油进口的9.9%;液化天然气主要来自东南亚地区。2000年,日本进口煤炭1.416亿吨,是世界上进口煤炭最多的国家,绝大部分煤炭来自澳大利亚,其余来自印度尼西亚、中国和加拿大等国。

1900年,俄国人趁着八国联军进军中国之际,占领整个中国东北地区。不久,俄国又把朝鲜半岛也纳入了它的势力范围。当时中国积贫积弱,缺乏保卫国土的力量和意志,只能任人蹂躏。北面的俄国是虎,东面的日本是狼,虎狼之间必有一争。俄国在东北亚地区势力的急剧扩张强烈地刺激了日本国民的神经。日本人认为,他们在亚洲大陆的势力即将被俄国人吞噬，为雪10年前以俄国领头的"三国还辽之耻"，同时也为争夺东北与朝鲜而不惜诉诸一战。

1902年5月，日军参谋本部参谋总长大山严向天皇上奏称："如果俄国占领朝鲜半岛，必将出现我国侧背受击之势，国家的独立将难以确保。明治维新以来，几度与朝鲜交涉，并不惜与中国一战，原因亦在于此。但是，在日中战争中，清政府充分暴露了它的软弱无能，结果导致了俄国更加肆无忌惮，加速扩张步伐，占领辽东半岛，得到了中长铁路，并且掌握了统治中国东北的实权。倘若对此置之不顾，再过三四年，朝鲜半岛势必归俄国所有。日中战争把中国势力赶出了朝鲜半岛，却引来了更加危险的俄国，这真是莫大的讽刺。日本必须迅速与俄国交涉，谋求朝鲜问题的妥善解决。就目前看，存在着和平解决的前途；万一不幸发生战争，日本的军事力量亦不弱于对方。如果失去现在的良机，三四年之后，军备情况和战略态势将转为对俄国有利。"

无论从经济水平、工业水平还是军事力量来说，俄国都是日本的10倍以上。俄国人理所当然地瞧不起日本。俄国官员别佐布拉佐夫认为："日本人是猴子，不堪一击。"俄外交部部长拉姆斯多夫认为："使日本和中国屈服的办法，只有武力解决，别无他途。不允许对它们做出任何的让步。"1891年，尚为皇太子的俄国末代沙皇尼古拉二世访问东京时，被

【日本经济】

2005年，日本发电量为11 340亿千瓦·时，居世界第三位。其中，水电约占8.9%，火电约占19.1%，石油和天然气约占37.5%，核电约占32.1%。日本目前有核电站18座，反应堆55个，总装机容量4 822万千瓦，居世界第三位。日本水力资源丰富，每年可发电1 353亿千瓦时。

【日本经济】

　　钢铁工业是日本的基础工业之一。日本的钢铁产量、质量和出口竞争力均名列世界前茅。20世纪90年代以来，日本钢产量一直居世界第一位，1996年被中国超过。2007年，日本钢产量1.202亿吨，居世界第二。

日本"黑龙会"刺客用马刀刺伤头部。后来他头上一直留有一块明显的伤疤，并留下严重的偏头痛后遗症。因此，尼古拉二世尤其讨厌东亚人，更用种族主义的口吻蔑称日本人为"讨厌的黄色蛮猴"。

　　当时除了法国，英、德、美等列强均与俄国有利益冲突，十分乐于见到日俄开战，希望俄国势力被削弱。英国与日本结成英日同盟共同反对俄国，而德国甚至派出大毛奇的得意门生梅克尔这样的军事专家帮助日本训练军队，为战争出谋划策。在列强的鼓动下，日本于1904年2月对俄开战，日俄战争爆发。

　　日本经过一年多的苦战以极大的伤亡赢得惨胜。但是，日军总兵力不过20万人，主力部队中陆军士官学校出身的军官尉官几乎全部损失，基层军官都是临时召集来的预备役军官，战斗力大打折扣。俄国总兵力有100多万，只要继续将在欧洲的大军调往远东就可以赢得战争。然而，俄国此时国内局势动荡，沙皇无力再战，只好草草结束战争。强大的俄国居然在中国的国土上被弱小的日本人战败了。

　　不过，说到俄国国内局势，就不得不提日本特工之王明石元二郎。日本陆军参谋本部参谋次长长冈外史说："明石一人可抵陆军10个师团。"当时的德国皇帝威廉二世也曾这样称赞他："明石一人所取得的成果，堪与大山岩统

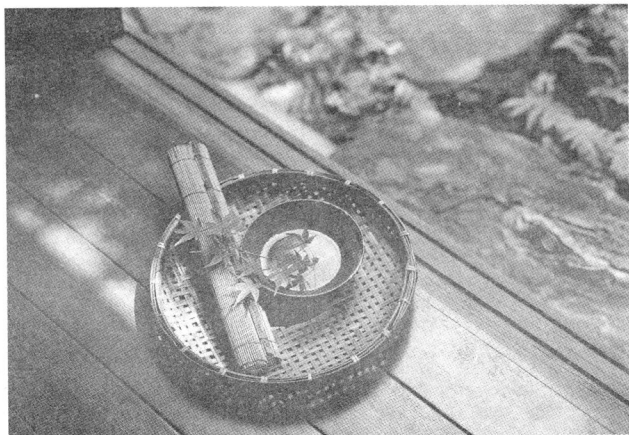

率的 20 万驻中国东北日军相匹敌。"日本右翼军国主义历史学家渡部升一甚至认为:"可以说明石元二郎播下了十月革命的火种。"

1902 年,明石元二郎由日军参谋本部派驻到俄国任使馆武官,刚开始他的任务是买通腐败的俄国官员获得重要情报。当时,由于政府的暴政,俄国民众长期陷于水深火热之中,革命政党繁多,其势力也日趋强大。但是,俄国政府动用军队强力维持稳定,众多的革命政党不仅缺乏活动经费和武器,并且相互之间也不团结,因此,俄国局势尚能维持平稳。可明石元二郎慧眼识真相,他认识到,既然俄国革命势力意欲推翻沙皇政府,日本也希望俄国发生动乱无法调军与日本打仗,这样双方就有共同的政治利益。

很快,他便向参谋本部申请了 100 万日元的经费用来帮助俄国反政府党派。在他的组织下,包括列宁、普列汉诺夫、托洛茨基在内的革命家均获得了资金援助与武器装备,俄国各政党之间也团结一致在全国各地展开了罢工、游行与武装斗争。一时间,俄国骚乱不断,局势迅速恶化。结果,果不出明石元二郎所料,俄国大量军队被牵制在欧洲,无法向中国东北增援。

更为严重的是,俄国内乱导致俄国在欧洲发行的战争国债价格暴跌,俄国陷入了无法筹措军费的境地。与俄国相比,日本却幸运得多。在日俄战争中,日本军费开支高达 15 亿日元,战场动员兵力数是甲午战争的 5 倍以上,军费是甲午战争的 7~8 倍以上。但日本国内经济与金融并非受到太大的影响,主要是依靠外债打仗。在整个战争期间,有多达 15 亿日元的国际金融资本流进日本。而当时日本的国家预算才 4 000 万日元,这笔钱相当于 37.5 年的国家预算。

战前的俄国对日本处于绝对优势。很多国家都认为,倘若两国开战,日本就会溃不成军。但是,欧美

【日本经济】

日本钢铁工业的现代化水平、劳动生产率、生产技术均居世界领先地位。新日本制铁公司是当今世界第三大钢铁生产企业,其高级钢材产量多年来位居世界各大钢铁企业之首。

金融资本却一反常态地流进了日本。不得不说，这是列强与金融家们有意为之的结果。国际金融资本主要集中在英法两国，而其掌控者主要是罗斯柴尔德、华伯格（后被瑞银集团兼并，即现在的瑞银华宝）、高盛和库恩—洛布公司的雅各布·希夫为中心的犹太金融家族。犹太财团的力量强大到有时甚至会超越国家。俄国建设西伯利亚铁路和开发中国东北的资金，都来自犹太金融家族。犹太金融财团的想法决定了俄国的命运。

然后，1881 年，沙皇亚历山大二世遇刺，罗曼诺夫王朝最后两位沙皇亚历山大三世及尼古拉二世以"寻找民族的敌人"为借口，开始大规模、有组织地迫害犹太人。尼古拉二世在给他母亲的信中说，俄国的坏事"十分之九都是犹太人干的……国内造反都是犹太人挑唆的"，他解决"犹太问题"的策略乃"1/3 逼其转教、1/3 迫其移民、1/3 任其饿死"。俄国 400 万犹太人流离失所。俄国血腥排犹事件层出不穷。如 1903 年 4 月，在俄国基什尼奥夫，有至少 1 000 多名犹太人被屠杀。

俄国的排犹政策引起以罗斯柴尔德家族为首的犹太金融财团的极大不满。长期代俄国政府办理财务的银行家、一直帮助俄国发行国债特别是西伯利亚铁路国债的罗斯柴尔德家族，早在 1891 年便和俄国断绝关系。犹太金融财团认为，除了发生政治大变革，没有办法从苦难中拯救俄国的犹太人。他们热切希望日本一定要战胜。只要不发生军费拮据的情况，日本一定能够取得战争的胜利。俄

国战败了,出现政治革新,俄国的犹太人便能摆脱苛政的压榨。因此,他们帮助日本筹款是理所当然之事。

在日俄战争进行时,作为筹款负责人的日本银行副总裁高桥是清前往欧美举借外债。在德皇威廉二世、罗斯柴尔德家族、美国犹太金融家希夫和德国犹太金融家华伯格(希夫与华伯格是连襟)的帮助下,连续四次顺利发行了共近10亿日元的战争国债。与此同时,流向俄国的资金渠道也被切断,俄国战争经费出现短缺枯竭,这也就大大改变了日俄战争的态势。

最后,在美国的调解下,日俄议和。俄国只同意了割让南库页岛,坚决按照尼古拉二世"不赔一个卢布"的原则谈判。当时日俄两国国债充斥欧美证券市场,很多金融家都同时握有两国债券,他们都不希望任何一方趋于破产。尤其法国金融家最害怕俄国破产,当时法国对俄战争贷款高达70余亿日元。俄国已经一穷二白,如果日本索要赔款,结果势必要由向俄国长期提供贷款的英法两国负担。就他们的内心而言,不愿借更多的钱给面临危机的俄国;实在不得已时,他们与其借给俄国,不如借给日本。也就是说,把钱借给俄国,俄国不能归还时, 转由日本偿还。罗斯柴尔德家族也规劝日本说:"日本要求赔款是理所当然的,但是数额不宜过大,而且不必一定要付现款,可以公债代替,这样做将是无可非议的。"

最终,日本放弃了赔款要求。但日本以超出自身国力所能支撑的军力与俄国作战, 政府财政已濒于破产,经济发生了严重困难。鉴于日本的状况, 法国决定向日本长期开放巴黎金融市场,再次募集日本国债。这样对日本要比暂时的赔款更为有利。经过高桥是清的运作,终于在英、法、德、美四国主要在法国发行

【日本经济】

2006年,粗钢产量3 270万吨。较大的钢铁企业还有日本钢管、川崎、住友、神户等钢铁公司。钢铁是日本重要的出口物资,自1969年起, 日本一直是世界最大的钢铁出口国,2000年出口钢铁2 850万吨。亚洲是日本最大的钢铁出口目的地, 约占其出口量的70%以上;其次是美国,约占10%。

了 5 亿日元的国债,罗斯柴尔德家族是主要认购者之一。

日俄战争虽说是两大国之间的纷争,但实际上是由国际金融资本尤其是犹太金融财团所左右。当俄国扩张势力对他们有利时,他们就给俄国提供资金。当他们不满于俄国迫害犹太人时,则改弦更张支持日本,报复俄国。

失去国际金融资本支持的沙皇统治,不到 10 年的时间便被风起云涌的革命浪潮所推翻。而日本经此一战正式加入强国俱乐部,同时将中国东北和朝鲜纳入势力范围,为几十年后的侵华战争埋下伏笔。

落后就要挨打。中国人在日俄战争中的伤亡比日俄两国都要惨重,仅就东三省部分地区而言,"凡属俄日大军经过处,大都因粮于民。菽黍高粱,均被芟割,以作马料。纵横千里,几同赤地……陷于枪烟弹雨之中,死于炮林雷阵之上者数万生灵,血飞肉溅,产破家倾……烽燧所至,村舍为墟,小民转徙流离哭号于路者,以数十万计"。更有成批的中国平民被日俄双方当作间谍,惨遭杀害。当时在日的鲁迅先生就曾看过日俄战争的相关纪录电影。当他看到强健的国人麻木不仁地围观砍头时,愤恨不已,弃医从文,终成为一代大文豪。

第八节　被国际财团分食的俄国

　　表面上看起来,19 世纪末 20 世纪初的俄国,是一个远比日本强大的国家。俄国自 1861 年农奴解放以后,经济与工业获得了迅速的发展。1881 年到 1894 年,铁路增加了 40%,到 1900 年增加到约 5 万千米,到 1914 年达到 7.4 万千米。钢铁产量从 1900 年的 220 万吨提高到 1914 年的 480 万吨,超过了法国与奥匈帝国。煤产量从 1890 年的 600 万吨提高到 1914 年的 3 600 万吨。在莫斯科、圣彼得堡等大城市涌现出成千上万的工厂,拥有 300 多万产业工人。

　　俄国金融机构也早在 18 世纪末就诞生了。1769 年,莫斯科和圣彼得堡的几家银行率先开始发行银行券。1786 年,这几家银行合并为俄罗斯国家发行银行。1817 年,俄罗斯成立国家贷款银行,以推动工业发展并为贸易融资。但是,俄罗斯有一个其他列强都没有的金融机构——成立于 1810 年拿破仑战争期间的国家偿债委员会。这个机构主要负责偿还外债并调节货币流通的资金来源。1824 年,还成立信贷局,专门负责国家债券的运作。

【日本经济】

　　日本钢铁工业是建立在进口资源基础之上的,约80%的铁矿石来自澳大利亚、巴西和印度,90%的焦煤来自澳大利亚和中国等。日本进口的煤炭中40%以上用于钢铁工业。日本钢铁联合骨干企业有21个,其中19个集中在太平洋沿岸带状工业地带内,形成一条长约1 000公里的钢铁工业地带,主要中心在阪神、京滨、濑户内海沿岸和北九州等地。

第九节　财富名人榜——吉田忠雄

1908 年,吉田忠雄出生于日本富士县黑部镇,父亲久太郎是个小商人。由于家境贫寒,吉田忠雄年仅 15 岁就到一家陶瓷店当学徒,后又到哥哥的鞋店工作。20 岁那年,吉田忠雄觉得在家乡没有什么发展前途,毅然带着哥哥给的 70 日元,独自到东京闯荡。当时中国的陶瓷在日本很畅销,他便在一个朋友开的小陶瓷店帮忙,后被派往上海收购陶瓷。30 年代的大上海,什么样的人都有,吉田忠雄需要学会与不同的人打交道才能顺利完成任务。当时的上海商业发达,孕育了许多商业巨子。就在这里,吉田忠雄学到了很多"生意经",慢慢地成熟起来。

1934 年 1 月,吉田忠雄创办了专门销售拉链的三 S 公司。他自己当老板。员工只有 2 人,资金是省吃俭用节省下来的 350 日元。1938 年,三 S 公司几经扩展,人员已增加到 100 多人,公司也改名为吉田工业公司。1958 年,50 岁的吉田忠雄终于如愿以偿。这年的拉链产量,完成了年产拉链长度绕地球一周的宏愿。

从 60 年代起,他更是把拉链业拓展到世界各地,短短 22 年间,他就在 39 个国家和地区设立了 42 家工厂和 137 个销售点。1983 年,他又在意大利拥有了 3 家分公司。目前,吉田在海外的雇员达 1 万多人,销售范围广达 125 个国家和地区,稳坐世界拉链市场的第一把交椅。

每年生产的 YKK 拉链是地球与月亮间距的 5 倍,占日本九成,

YKK 拉链是日本现代文化的代表；它改变了 20 世纪的人类生活方式，成了世界讲习竞争中无往不胜的日本工业产品的象征，也为生活现代化增添了一项新的内容。吉田工业公司年营业额 20 多亿美元，跻身日本最大公司行列。

名人轶事

　　1947 年，又一个偶然的机会使吉田忠雄的事业步入正轨。有一天，美国拉链进口商到鱼津厂参观。美商拿起一条拉链，问："这种拉链多少钱一条？""90 美分。"吉田试探着报价。"哈哈……真的吗？ 90 美分太高了，就是再便宜些，在美国也没有人要。"说着，他从皮包里拿出一把拉链给吉田忠雄看。吉田忠雄不禁大吃一惊。这些美国拉链品质优良，自己的产品真是相形见绌。美商笑了笑，指着紧握在忠雄手中的美国拉链说："这些我 70 美分就可以卖给你，而且我还可以赚钱。"

　　美商的奚落，使吉田忠雄看到美日之间的巨大差距。这虽不是什么好消息，但忠雄却从中看出了事业的转机。美国拉链物美价廉，是因为美国已拥有许多优良的拉链制造机器。反观日本，还停留在手工作坊阶段，当然只会是质劣价高。他发誓要赶超美国。这种不服输的个性，使他的事业又翻开了新的一页。

　　于是，他成立了吉田贸易公司，为引进美国机器做准备。1950 年，他从美国买回 4 套高速全自动拉链机。果然是很精妙的机械设备，高速运转，性能精良，全厂员工都为之倾倒，惊叹声盖过了机器运转声。

第三章　财阀集团的迅速崛起

　　日本金融战没史虽然有浪多高潮，但是不论一场金融战没的进程、策略、人脉、特征如何，一切都必然围绕着生产资料和生活资料的控制权和所有权，一切都必然围绕着虚拟经济和实体经济的控制权和所有权，狭义金融战没争夺的无外乎是局部财富的爆发性转移，广义金融战没争夺的无外乎是建立在生产资料所有权基础上的上层建筑的主导权，这一切战没的基础，不外又是依托金融力量而进行的。

能够成就大事业的，永远是那些信任自己见解的人；是敢于想人所不敢想，为人所不敢为，不怕孤立的人；是勇敢而有创造力的，是那些勇于向规则挑战的人。

伟大的人物和具有高财商的人，从来不互相抄袭。能为世界文明开辟新途径的人，总是先例的破坏者。伟人们从不重蹈他人的覆辙。在世界上，有哪一件成功的事不应归功于古往今来的先例的破坏者们呢？世界历史中没有他们，还有谁愿意去读这历史呢？

现代人生的种种舒适、便利、奢华、幸福，无一不是这些先驱的破坏者脑海中的产物；虽则在困难、反对、笑骂的荆棘中，他们还是要破坏先例与习惯，同时创立一些更好的事物，以推动世界不断地前进。

第一节　日本央行与第一任行长吉原重俊

（一）日本央行战役的性质与战略价值

日本金融战役史虽然有很多高潮，但是不论一场金融战役的进程、策略、人脉、特征如何，一切都必然围绕着生产资料和生活资料的控制权和所有权，一切都必然围绕着虚拟经济和实体经济的控制权和所有权，狭义金融战役争夺的无外乎是局部财富的爆发性转移，广义金融战役争夺的无外乎是建立在生产资料所有权基础上的上层建筑的主导权，这一切战役的基础，不外又是依托金融力量而进行的。

日本建立所谓的"独立央行体制"后，政权已经被人为割裂，出现了两个权力中心，究竟是国有机构（"国有独立央行"），还是股份公司（"私有独立央行"），究竟是"私有货币"，还是"国有货币"并不重要——因为，央行理论和债务货币理论的结果，就是信用实际的私有化和债务。关键在于人们认为这是日本虚拟经济对实体经济的符号化表达，是以国有信用为基石的，也就是以日本各阶层的信用为基石的。离开了日本人民的劳动和国有担保，这些

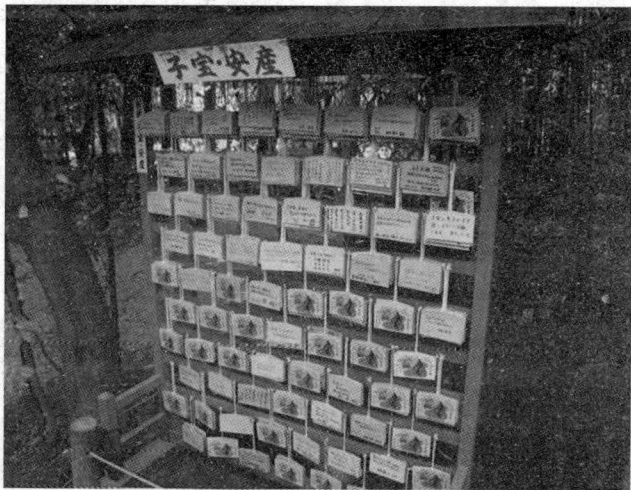

【日本经济】

汽车工业是战后日本发展最快、出口最多、影响最大的工业部门,成为战后日本经济高速发展的缩影。2009年汽车产量为793.45万辆,自1976年以来,首次跌破800万辆,现已被中国超过,居世界第二。

债务货币符号分文不值。

对于"独立央行体制"来说,日本政府首先必须交出货币发行权,一切都必须由"独立央行"这个根本就不需要的"独立机构"来发行,央行行长个人凌驾于日本一切权力之上,对日本的经济、金融、货币、预算、储备、财经人事等,拥有"不可挑战"的绝对个人权利。这个"独立的特权"又通过"债务货币体制"的连杆,直接传递给华尔街"国际债权人"。日本实体经济逐年发展,却不能事先释出足够的货币符号,必须由政府税收担保举债,才能发行货币,可这种货币符号的数量必然蕴涵于届时固有的货币总量之内,必然无法满足次年日本国民经济增长所需的数字符号,也就是本国认购国债只能从甲地搬到乙地,由甲种状态转移到乙种状态,对宏观信用符号总量没有任何增加和供给作用,这就必然导致紧缩型金融危机的出现。日本只有接受"国际债权人"认购日本国债,也就是日本国债海外发行,实施日元美元化,才能有效输入"信用符号",促成日本经济的繁荣,这就是独立央行骗局和债务货币骗局。

这个结果就是华尔街"国际债权人"集团通过"独立央行骗局"和"债务货币骗局"逐渐控制了日本绝大多数货币供给,乃至超过信用总量。因为债务货币将导致信用总量为基数的逐

渐利息累计，即便国债利率只有0.1%也会趋于无穷大，这个债务没有发生过，一旦归还将导致信用符号骤减乃至消失，会立刻爆发通货紧缩型金融危机，实际也没有足够的货币来归还，因为债务货币创造100日元货币的时候，计算了100日元国债，扣除当年利息，次年的国债数字就大于国债所创造的货币了，这

【日本经济】

汽车工业是日本经济支柱产业之一和最大的出口产业之一。1980—1992年，日本曾连续13年汽车产量居世界第一位，后被美国重新超过。2007年，日本汽车产量1 159.6万辆，占世界总产量的15.86%，再次超过美国，居世界第一。其中，轿车占85.75%。

个差距会逐年扩大。华尔街美联储世袭股东家族，也就广义拥有了日本的一切财富和实体经济，拥有了日本一切可以用信用符号衡量的生产资料和生活资料。

这个过程究竟"独立央行"是"国有"还是"私有"根本不重要，奥秘就在于"独立央行体制"本身对日本主权的秘密分化和转移，核心就在于"独立央行体制"背后的"债务货币机制"，一旦全部或部分认同了"独立央行理论"和"债务货币理论"，一切必然控制在"国际债权人"手中，否则就要经受"莫名其妙"的金融危机。前苏联的金融战役之前，一直被"央行骗局"和"债务货币骗局"主导，一个所谓的"超级大国"必须不断地向"国际债权人"借贷信用符号。由于受到金融心理战和金融高端学术控制的巧妙桎梏，人们看不到这场金融战骗局的实质，政府不敢自己发行货币符号，却要从华尔街几个寡头笔下输入货币符号，任由华尔街控股央行，实施了全面的金融、货币私有化，如此，苏联解体于金融战役也就不过是个时间问题。

日本也是先从英美引进了"先进的金融理论"和"金本位理论"，落入了"金融本位骗局"——本来，一个国家根本就不需要任何形式的抵押和本位，就可以发行货币，因为一个国家的货币符号是实体经济总量的虚拟经济镜像，不可能有足够的实体抵押，只能走入债务数字骗局的金融战泥潭。日本的货币体系从"明治维新"一开始，

【日本经济】

多年来,日本汽车以低价、低耗油量、少故障等优势,在国际市场上保持着约20%的份额。自1977年起,日本成为世界最大的汽车出口国,至今未变。

就被萨摩武士集团中的英美银行代理人所把持,通过推行"金本位骗局"、"独立央行骗局"、"债务货币骗局",因为日本央行从一开始就由国际债权人控股,故华尔街一举攫取了日本的货币发行权,直到今天。

这对于日本的一切都具有决定性。因为"独立央行"这个根本就不需要的"神秘机构"出现以后,又拥有了"不可干涉的货币权力",实际就逆向控制了日本的大藏省(1869—2000),类似于美国国会联邦储备委员会,是一些权力集中在一起的巨无霸,权力实际控制在"日本央行"的世袭股东手中,然后也就控制了日本的国家预算;又通过门阀选举体制,控制了日本的政府人员构成,实际上"国际债权人"就通过"独立央行体制"的这两条途径,控制了日本社会的上层建筑,诸如媒体主导之类,因为媒体机构私有化原因,华尔街控制日本媒体不过"小菜一碟"了——这就是日本央行战役的性质与战略价值。

(二)日本国有纸币体系"藩札"的神秘消失

历史上,日本虽然一直战乱不止,但各藩国内部却相对稳定,征战主要在藩主之间进行,藩国内部虽然广泛存在着激烈而残酷的政治斗争,但宫廷政治斗争对中下层人民影响不大。在这种特殊的历史背景下,日本就出现了由藩主发行"藩札"的货币体制。

所谓的"藩札"是纸币和支票的统称,由于主要是各藩国独自发行,实际上是许多藩国货币体系,这也

深刻地体现了日本战国时期藩国林立的客观历史。江户王朝建立之后，也开始发行"藩札"，由于江户幕府实际对整个日本都有着广泛的影响力，虽然无法真正统一，但无疑是唯一有全日本影响力的武士集团，"德川将军府"发行的"藩札"，已经可以看成是日本纸币体系的雏形了，不过约定俗成，人们依然称为"藩札"。

1630年，日本福山藩开始发行"藩札"，此时主要表示是铜钱，实际类似于"铜本位"的纸币，但在藩国内，不需要用铜，只要藩主认同税收之用，就可以轻松流动，这也是后期很多偏远藩国反而强大的原因——自由发行货币，而不需要抵押，也没有限制。1661年，就出现了"银藩札"，有时也称"银札"。此后，江户幕府发现各藩国的货币体系无法统一，一些强大的藩国用"银藩札"的数字，就可以在全日本进行物资采买，这样极度不利于日本江户幕府的权威和统一，遂在1701年开始禁止"银藩札"，实际上是想让江户王朝的"藩札"得以流通。但是，江户幕府的实力，不过是武士集团中比较强的一个，尚无力统一日本的纸币战国时代。

1719年，江户幕府制定了一个很巧妙的"货币政策性统一"——"藩札申报体制"，也就是在一定程度上允许各藩国发行货币，包括"铜藩札"和"银藩札"。但这还只是江户集团无力统一日本货币时的"策略"，终极目的依然在建立统一的日本国有货币体系。故此，这种"申报"和"允许"的背后，是一种"制度上的国有化和统一化"，等于把日本各藩国的货币体系巧妙地纳入一个虽然还很松散，但总算是"统一规范"的国有货币体系。

所以，从这个意义来说，1719年以后，日本拥有了自己的国有货币体系，也就是"藩札"体系。表面上，各藩国可以自行发行"藩札"，但如

【日本经济】

2006年日本出口汽车596.67万辆，产品畅销世界100多个国家和地区，其中，在美国市场的占有率约为30%，在东南亚的泰国、菲律宾等国的占有率更高。生产汽车的著名企业有丰田、本田、日产、马自达和三菱，这5家公司控制了日本汽车总产量的80%以上。

【日本经济】

丰田公司成立于1937年,是日本最大的汽车制造厂和日本最大的工业企业,也是世界第二大汽车制造企业,2006年汽车产量907万辆,占国内产量的76%。当年在全世界的销量达852万辆,其中在北美销量占35%,在日本国内市场占有率为40.5%。日本、美国、欧洲三大市场占其销量的80%。2010年丰田汽车销量达841.8万辆,连续第三年居全球之冠。

果不经过江户王朝批准,就是"不合法的纸币",实际流通和发行都会受到各种限制,这就奠定了一个进一步统一日本货币体制的前提。

跨国垄断金融资本,扶植萨摩武士集团上台后,第一件事情就是要建立"独立央行"体制,攫取日本人民的货币主权。所以,1869年(明治二年),就颁布了《禁止藩札增印令》,这和罗思柴尔德家族在美国限制不需要任何抵押的"林肯绿币",设定发行上限的法案完全一样,等于剥夺了日本各藩国,乃至明治维新新政府本身的货币发行权,也就是造成了广泛的紧缩型金融危机。这导致了大量武士氏族家庭和农民破产,这是其后爆发"西南战争"重要的原因之一,实际上导致了一个此起彼伏的农民起义和武士氏族叛乱的历史浪潮的发生。

金融代理人集团对此心知肚明,故意加剧"金融危机",以便逼迫日本各阶层接受"独立央行"的信用符号。1871年(明治四年),干脆禁止了"藩札"的流通,全日本立刻没有货币可以使用了,就不得不接受"大藏省"发行的"纸币"。这个对换过程,是强迫进行的。从1871开始,到1880年才基本结束。这个过程的"意义",重点不在于"藩札"的消亡,而是日本货币的发行权交给了一个"独立机构"——"大藏省",战役的争夺点在于——日元是"金本位",还是政府自由发行,也就是广义实体经济的镜像。当时日本各界对此基本没有任何认识,普遍对金本位的危害不理解,战役的结局也就不难预料了。

（三）吉原重俊——日本独立央行体制的缔造者

图片说明：

1.（左）吉原重俊（1845—1887），鹿儿岛系，萨摩武士集团的"西洋派"金融代理人，日本独立央行体制的"三始祖"的"操刀者"，第一任日本央行行长，日本独立央行的世袭股东的潜在"入围"候选者。

2.（中）松方正义（1835—1924），鹿儿岛系，萨摩武士集团的"西洋派"金融代理人，历任日本首相、大藏卿等职务，"三始祖"的"幕后核心"，对吉原重俊有提携知遇之恩，日本独立央行的世袭股东的潜在"入围"候选者。

> **【日本经济】**
>
> 日本的汽车工业大多分布在太平洋沿岸带状地带，尤以京滨和中京工业区最为集中。丰田市是日本的汽车城，是丰田公司总部所在地。丰田市出口港名古屋，建有世界第一个最大容量为5万辆的丰田汽车专用码头。2006年，名古屋的货物吞吐量达2.08亿吨，是日本第一大港。埼玉的本田和静冈的铃木是日本摩托车生产基地。

3.（右）大隈重信（1838—1922），历任日本首相、大藏卿等职务，肥前藩人。他的出生地归佐贺市，战国时期归肥前藩，也就是"萨摩倒幕四雄藩"之一，这很有趣，先于欧美金融资本开始时扶植"偏僻的萨摩地区"，在萨摩武士集团形成后，又开始扶植其中的"非主流"人物，这就是金融战役学中的"扶弱策略"。他是萨摩武士集团的"西洋派"金融代理人，日本独立央行体制"三始祖"的"开拓者"，是实际的第一任日本央行行长,日本独立央行的世袭股东的潜在"入围"候选者。

他在 1882 年参与建立了日本央行之后,同年"出资"建立了东京专门学校,1901 年改称"早稻田大学",与"帝国大学"有所"分工",专门培养"企业管理人员",形成了一个以日本央行集团为首的"官业民营的日本财阀人脉体系",这笔建校巨款来源不明,此人也是"二十一条"的始作俑者。

吉原重俊是典型的鹿儿岛(萨摩藩)下等藩士家庭,还达不到中等武士的水平,高等则为"家臣",低等一般为"藩士"。在江户"禁止耶稣会"的时候,他的家庭就是秘密的耶稣会信徒,这可能在萨摩武士集团内部也比较罕见,是欧美金融资本在日本的第一代银行代理人。

1866 年,英美金融资本资助他,先后秘密到英国和美国留学,名义是主修法律和历史,实际学的是金融。在当时,下等武士人家的孩子,普遍不识字,中等武士人家不识字的比比皆是,吉原重俊据传 12 岁就可以读中文典籍,的确是一个不可多得的人才,也很有大志。

他在大隈重信、松方正义的直接支持下,于 1882 年 6 月(正式任命是 1882 年 10 月)出任日本"独立央行"——日本银行的第一任"央行行长",直译过来是"央行总裁"。一个下等武士的子弟,靠对外输送日本民族利益和主权,用日本"昨天、今天、明天"财富的广义所有权,买了"日元神庙"中的一尊小神仙的位置,可谓春风得意。但是,5 年后的 1887 年 12 月 19 日,突然神秘暴毙,英年早逝,年仅 43 岁。

【日本经济】

机械工业是日本经济支柱产业之一,门类繁多,包括机床、一般机械、电气机械、精密机械等。日本机床业自 20 世纪 50 年代起步以来,发展迅速。1970 年,日本成为世界 4 大机床生产国之一,1982 年机床产量跃居世界首位,成为世界最大的机床生产国。

第二节　日本央行战役

（一）日本央行战役第一阶段——"倒幕"

1.财阀体制不变、封建制度不变

这个阶段的战役目标，是通过推翻江户幕府，唤起日本各藩国反对中央政权的欲望。从实际结果来看，江户幕府对各种权力的把持远低于19世纪末日本军国国主义盛行时期的程度，日本名誉统治者"天皇"依然是封建世袭体制，日本财阀·央行共同体的拥有者依然是合法的世袭体制，丝毫没有脱离封建世袭的"旧制"。

日本央行选择并扶植的三井财阀是江户幕府时期的"御用商人"，这从一个侧面说明主导日本的财阀，不过是换了一个"新主人"，除了丧失了民族资本和家族资本的特征，具有跨国金融代理人的特征外，没有任何改变。

"倒幕"战争绝非为了萨摩武士集团"一统日本"，而是打垮"中央"分裂"地方"。江户幕府的海军实际控制者是梗本武扬（1836～1908），此人虽然仅仅是个"副司令"（海军副总裁），却是荷兰银行家集团的代表人，罗思柴尔德家族的东京太平洋公司，用的是荷兰语。银行家支持他在日本北海道独立，史称"虾夷共和国"（1869.1.27—1869.6.26）有时也称"第一箱（函）馆共和国"或"第一北海道共和国"，因为这个地区在那时叫"虾夷地"，以"箱

【日本经济】
日本的机床生产总值和出口总额都稳居全球第一，2009年被中国和德国超过，现居世界第三。

馆"，即"函馆"为中心的一个"短暂的共和国"。

梗本武扬是留学荷兰的军事实力派人物，有外国支持，绝非一时冲动。但这激怒了岛津家族，引发了一系列的幕后协调和军事较量，史称"箱馆之战"，是倒幕"戊辰战争"（1868—1869）的尾声。岛津家族虽然维护了日本的统一，但"政治代价"很大，此后不久岛津久光就被迫退出了日本政治中心，"萨摩武士集团"的"维新三杰"先后身死。

梗本武扬却历任日本驻清朝公使、日本驻俄罗斯全权大使、海军大臣（"海军卿"）、"御林军总管"（"天皇"皇居御造营事务副总裁）、通信大臣、文部大臣、外务大臣、农商务大臣等显赫实权要职，把持"关键"。1908年在东京去世，享年72岁。比较一下"维新三杰"就会发现，72岁可谓"官运亨通"——就是代理人阶层的悲剧和"不听话的代价"。通过这一段历史小插曲，可以看出"倒幕运动"的复杂性和华尔街的力量。

2.江户金融体系崩溃的实质

江户王朝是日本战国时代最后的一个王朝，初步建立了日本国有信用体系，已经开始建立现代军工、造船国有体系，并开始统一税收、货币体制，初步显现了一个欣欣向荣的日本民族经济体系的雏形。随着倒幕战争的全面爆发，日本陷入了一个长达十几年的内战阶段，跨国金融资本乘虚而入，主导了日本脆弱的民族工业体系和日本金融货币主权，如此顺利

的重要原因之一，就是江户政权的消失。

萨摩武士集团，并没有真正形成一个替代德川武士集团的日本民族政权核心，而是建立了一个以岛津家族为首的日本门阀体系和萨摩集团中的"亲英美派"为首的央行集团两大相互斗争又相互联合

的复合体系。由于建立萨摩武士集团的正是伦敦金融城和美国华尔街，所以这个体系从一开始就具有鲜明的银行代理人的特征，根本就没有维护"自己"货币发行权和民族资本的愿望，一切争斗都建立于个人利益之上和服从欧美金融僭主家族利益前提之下，这对日本央行战役的顺利实施是不可缺少的战略条件。

（二）日本央行战役第二阶段——"官业民营"运动

1.日本人民如何成了"国际债权人"的世袭奴隶呢？——"太政宫纸币"（1868）金融战骗局

在这一段历史时期，日本有一个被遗忘的"官业民营"运动，让日本央行战役进入了实质性的阶段，也"规划"了日本的"未来"，决定了"日本强国运动"的性质。所谓的"官业民营"就是把日本中央和地方的各种国有资产，包括国有企业、生活资料和生产资料（包括土地、河流、矿山等）、社会上层建筑（教育、媒体、金融、货币、税收等），全面"外资化"，而且采用了一种"官业民营"的措施。也就是说，日本各级政府通过税收出资建立或干脆就是立法建立一个"机构"或企业，然后交由一些外资代理人或门阀构成的"董事会"来"私下管理"，政府无权过问。19世纪80年代前后，通过收紧信贷、提高对本国企业税收，对外资企业免税招商等措施，慢慢的制造账面上的假亏损和假破产，财阀也普遍陷入亏损，但他们反而受益于这个形势，因为他们背后是央行和华尔街。独立央行和大藏省把这些国有资产，当做即将融化的冰棍，免费送给贪婪的华尔街顽童，甚至名正言顺地倒贴钱和更多的资产，要求着国际投资人集团收下。

这个畸形而又荒谬的金融战过程,极大地减轻了罗思柴尔德家族的投入压力,日本全体人民的财富,日本官方或民族资产的企业或机构,都出现了无力维持的假破产现象,迅速由"国际债权人"拥有,划归日本代理人的名下,这就是所谓的"日本财阀体制"的实质。

日本"明治维新"的时间划分说法不一。本书从1868年算起,因为这一年"明治天皇"从京都前往东京,这一年采用了"明治"的年号(1868.10.23),也公布了《王政复古大号令(1868.1.3)》,江户幕府倒台也在这一年。但日本社会的动荡又持续了很多年,故此一般认为"明治维新"直到1889年,日本确立君主立宪体制为止,不是改元明治后就立刻结束了,而是一个过程。

1868年,"明治维新"还没有开始,或者说"刚刚开始",江户王朝的"国都"江户,在这一年投降(1868.5.3),但"倒幕战争"还在继续,"明治维新"最早从1868年10月23日开始,再往前还是战国德川幕府时代。

可是,日本的货币发行权已经失去了!1868年4月,大隈重信策划了一场史无前例的金融战骗局,这个英国银行家的"日本小翻译",父亲是个在"合资火炮工厂"做工的火炮技工,被银行家看中,由他作为萨摩武士集团"倒幕"的筹资人。这特别类似于美国建立前,"提前建立"的美国第一央行·北美银行的行长,罗思柴尔德家族的银行代理人"罗伯特·莫里斯",在北美大陆军中的"筹资人"的地位和情况,几乎是一个翻版,这就让他一举主导了日本的金融事务,堪称日本"央行之父"。

所谓的金融战役,就是用看似"公平、合法"的策略,公开欺诈、违法侵占财产的所有权、实体经济的所有权、一个国家上层建筑的主导权。日本人民从来就不欠罗思柴尔德家族

【日本经济】

由微电子计算机控制的产业用机器人,在日本的生产和使用均居世界前列。日本工业机器人密度居世界之冠,平均每1万名劳动人口配置280台机器人。川崎重工业和安川电机制作所是生产机器人最多的厂家。

的债务,大限重信凭空"制造"出了一笔巨额债务,还让萨摩武士集团感恩戴德。

由利公正(1829—1909),"太政官纸币"也就是"太政官札"的发明者,这也就是"债务日元"的雏形,日本央行世袭股东的潜在"入围"候选者,横井小楠是通过学校培养的罕见的"亲藩大名"的"金融人才",他通过横井小楠,得到了不知世道险恶、私心很重、野心勃勃,

却与德川家族有紧密关系的"公子哥"松平庆永(1828—1890,时任幕府政事总裁)的重用,打着"金融改革"的旗号,蓄意制造财政紧缩,造成了江户王朝末期广泛而深刻的金融危机,最后演化成了全面的经济乃至政治危机,他"被迫下台",没有他,德川幕府不会一下子就垮,史称"由利财政(江户幕府阶段)"。

横井小楠(1809—1869),萨摩武集团中的"肥前藩"熊本县的一个落魄文人,早期反对英美势力,后得到大笔神秘的赞助,遂开始"办学",史称"小楠堂"(1843),不止一家,他是萨摩武士集团的智囊之一,手握金融大权,1869年1月5日神秘遇刺,被上田玄夫等刺客乱刀砍死。他在1868年4月,打着为"倒幕战争"筹款的旗号,发行了0.45亿元"太政官纸币",实际上就是日元,由于由利公正影响巨大,有时也被称作"由利财政(明治维新阶段)"。

日本的政府,甚至是一个想要统一日本的萨摩武士集团,发行"太政官纸币",替换各藩国发行的"藩札",这没有任何的错误,问题在于——大限重信发行的是"账面数字"(实际没有进入流通),名义上是"白银",实际上是"数字",如果仅仅是萨摩集团发行了统一日本金融体系的国有货币,用来表示日本的实体经济,则天经地义,结果却凭空与"国债"关联。这笔巨额债务,日本人民至今也没有还清,永远也还不清了,实际却没有借过一两白银。

名义上发行了大约0.45亿两白银等值"太政官纸币"(1868.4),

【日本经济】

电子电器工业是战后日本新兴的工业部门，电子工业是日本出口主导型高新技术产业之一。日本的电子工业是典型的"出口工业"，电子产品是日本在国际市场上竞争力最强、销量最大的王牌产品之一。

还发行了大约 0.075 亿两白银等值"民部省纸币"（1869.9）、0.068 亿两白银等值"大藏省兑换券"。

说句题外话，美国金融人士陈志武的这本书得出了债务货币有利于国家和日本"强国"是由于"敢于借债"和引进"债务货币体制"的结论："明治维新时期日本敢于利用公债支持发展，而同期清廷还忙于往国库存银子。结果，到甲午战争时，两国的国力已大相径庭"，小标题是"藏富于民"，这就是典型的美国华尔街"金融逻辑"，也是债务金融主义历史阶段的产物。

这个所谓的"货币发行"就是"日本央行"的华尔街股东，随手写出的数字，当做日本账面信用，也就是"钱"，进入流通。从欧洲古罗马时期，银行家就宣传金银本位理论，这古老的金融战骗局，再次显示了无穷的威力。

大隈重信认为日本政府的货币，没有"本位抵押"容易导致通货膨胀，实际日本此时是通货紧缩，这些国有信用货币的本质，是日本实体经济的镜像，不需要任何"本位抵押"。以此为为理由，把这些信用符号定为"白银"，可日本哪有这么多白银呢？

"无法兑现"的"太政官纸币"，以60%～80%的年息，向"国际债权人"借贷。"1869年，大隈重信接替由利公正的会计官副知事

一职,开始执掌财政大权,并推行了"纸币兑换"政策。大限重信的纸币政策是,"太政官纸币"转换为可兑换纸币,限期兑换、未能兑换的以每月五朱(5%)支付利息;发行额上限为3250万两(实际达到了4500万两);纸币与正币同价,禁止纸币价格随市场浮动。"

"每月五朱(5%)"

有关这个问题,由于日本当时实行了一种极其特殊,又比较混乱的货币算法,故笔者对此稍作分析,"五朱"的利息,除非强调是"每月",一般指年息,可私人借贷又与中国私人借贷的"几分利"一样,与

国家利息不同,需要具体界定,故这个问题,有待进一步考证。

日本当时所谓的"两"约等于15克,这个很混乱,在15~25克之间,实际"幅度"可能还要大一些,成色、重量也千差万别,兑换"人为因素"、"藩政因素"影响又极大,不是个单纯的"数学问题"。

1分=1/4"两"、1朱=1/4分、1朱中=1/2朱、1糸目=1/2朱中、1小糸目=1/2糸目、1小糸目中=1/2小糸目,这就是日本战国货币体系中的"四进制(二分金制)"。1朱≈0.0625"两",如果是"五朱",则为0.3125"两",这个可能是年息31.25%,这个稍低于罗思柴尔德家族给林肯开出的战争贷款36%的年息。这里参考的是学术文献(见上),不是参考日本原始史料,唯恐自身理解有误,故此稍作探讨,不算结论。

这个讨论的实际意义可能并不大,因为无论是"年息"还是月息,即便仅仅是31.25%的年息,只要是复

息,那么从 1868 年 4 月到1890 年 4 月,利息可约达本金的 3 491 倍!这个数字很大,请参看本章"明治维新"1868—1890 税收支出。如果罗氏仅搜集了 5%的"太政官纸币"(1868.4,实际是一笔"战时特别国债")的债权,也将导致1890 年的"应付利息"超过日本当年的中央财政税收总额。所以,有关"五朱"的换算率和"年息、月息"的问题,不影响结论,如果"每月五朱",此处可以解释为"月息",那这个问题就会更加鲜明,更有说服力。

纸币还好一些,如果真是硬币,这恐怕还涉及"换算口径的问题",因为日本战国时期货币比较混乱,只能极其粗略地评估,很难严格界定,除非一个硬币、一个硬币地单独检验成色、重量后,独立计算,否则"精确计算"在统计目标无法准确界定的前提下,反而意义不大。

一个国家的货币,是一种强制流通,不需要向"接受货币者"广义借贷,事实上,日本学界普遍认为"太政官纸币"并不成功,这就要看对谁说了,对华尔街来说"很成功",各藩国势力有抵触的原因很多。

(1)对于日本各藩国来说,不接受"太政官纸币"是不愿放弃发行本藩国"藩札"的结果,更不会接受一个"脚跟还没站稳的萨摩集团"发行的"账面数字",可这种"必然不接受"的结果,才是"金融战奥妙所在"。

(2)对于"国际债权人"来说,把这些"毫无价值,废纸一样"的账面数字,接手了下来,给出一些账面数字,日本政府却欠下了真金白银的国债。

"金本位骗局"等"贵金属本位骗局"都属于金融战役学中的"本位骗局"。因为一个国家的货币,是全部实体经济元素和"预发行货币余量",即实体经济逐年发展所需预先配合发行的信用符号的镜像。一个国家的主

【日本经济】

日本生产的半导体占全球产量的20%,其中广泛用于智能手机、个人电脑的快闪存储器占全球生产总量的40%。在世界的各大半导体生产企业中,日本东芝仅次于美国的英特尔,居世界第二位。

币(本位币)无限法偿,强制接受,是民族主权与国家暴力的体现,不需要也不可能由该国物理范围内的任何一种或几种"独立的物理元素"进行"本位化"、"抵押化";不需要也绝对不能由虚拟经济范畴的"国债"进行"虚拟抵押",也就是货币所有权秘密转移,即从全体人民的代表,国家主权手中转移到"国际债权人"手中。只要实施本位体制,初期就会导致货币"国债化",最终必然是"财政债务化"、"货币债务化"、"最高权力央行化"、"国债国际化"、"财富分配跨国金融僭主世袭垄断化"。

仅"太政官纸币"0.45亿两这一项,每年利息按照"月息不计算复息"的最低累计年息是60%,按照大致0.45亿美元的基数,且罗氏仅仅搜集到10%的"太政官纸币"来计算,累计到今天为止,每一个日元的本息就已是天文数字了。

从1867年4月到1882年4月(1882年日本"独立央行"建立),增长68.71倍,也就是说,截止到1882年,日本明治政府的全国税收,都不足以偿付"国际债权人"的利息。日本政府只好交由"国际债权人"集团发行"日本"货币,广义拥有日本的一切财富,直到今天。

(3)对于日本人民来说,根本就不知晓、不理解、没听说,却是这场金融战役的主要战役对象,这就是金融战役的隐秘性、高端性和危害性。

2. 货币发行机构"大藏省"的出现

"大藏省"一般被误解为"日本的财政部",就如同纽约美联储一直被误解为美国政府的货币发行机构一样,可实际上大藏省一直隐藏在一团迷雾中,是"明治维新"、"官业民营"的产物,很难界定是"国有"还是"私有"。

日本古代官吏制度的形成,主要是仿照中国。实行"官位十二阶",即用6种颜色,"紫、青、红、黄、白、黑",每种还有"薄紫"、"薄红",实际是"副职",代表"德、仁、礼、信、义、智",是一种由12个等级形成的官吏体制。据传在603年确立,具体有待考证,此前则无法考证。

日本从8世纪以后,可以考证的政府主要机构是"二官八省制",即"祭司"("神祗官")、"宰相"("太政官"名义与"神祗官"平等,实际为上司,并下辖"八省")、"中务省、宫内省、大藏省、治部省、式部省、刑部省、民部省、兵部省"。基本沿袭中国官吏体制,据传由《大宝律令(701,也称"大律令")》确定,但这份文献没有保存在册,仅有8世纪以后其他文献中的引用为佐证,原文散佚,是否存在过,无法考证。

2002年以后,日本实施"一府十二省(厅)制",即内阁府、总务省、法务省、外务省、财务省、文部科学省、厚生劳动省、农林水产省、经济产业省、国土交通省、环境省、国家公安委员会和防卫厅。

明治维新时期,萨摩武士集团通过"官吏改革(1869)",开始"二官六省制",即"神祗官、太政官","民部、大藏、兵部、刑部、宫内、外务",从表面上看,没什么变化,实际"大藏省"却是一个很奇怪的机构。

【日本经济】

消费电子产品、产业用电子产品和电子元器件是构成日本电子工业的3大部分。日本的消费电子产品在世界上一直占重要地位,2004年,其产品占世界的29.7%,仍居第一位。

(1)"大藏省"可考证的成立时间是1869年,但1868年4月所发行的"太政官纸币",却早于"明治维新"最早的开始之日(1868.10.23),也早于

"官吏改革（1869）"。

（2）"大藏省"表面上行使日本政府"货币发行"的权力，实际却主动把"货币发行权"交给了"国际债权人"，没有债务就不能发行货币，剥夺了日本的货币发行权，并且给日本各界制造了一笔以"纸币总量"为基数的无妄之"债"，世世代代也还不清，最终趋于无穷大，每秒钟产生的利息，都将超过日本年产值，乃至无穷，荒谬到了极点，可怕到了极点，却无人了解，也从来没有借过。

（3）由于"大藏省"实际控制在"国际债权人"手中，也不是"官吏改革"的产物（实际是"大藏省"背后的"国际债权人集团"确定日本的"政治体制"，而不是相反），"大藏省"的性质，无法说是"官"，还是"私"，唯一可以肯定的是："大藏省"是"国际债权人集团"主导下的明治维新"官业民营"的鼻祖和产物，是一个金融战役制造的权力怪胎。

（4）"大藏省"在古代，权力类似于中国的"户部"，实际权力在"宰相"和"幕府大将军"手中，"大藏省"的职权这时是比较恰当与有限的，不是一个全面管理国家财经金融事务的机构。萨摩武士集团的"大藏省"则是一个"官业民营"下的"外资金融托拉斯"，把持着日本的货币发行、税收、贸易、金银铜外汇管制、度量衡标准化、物价管理、制定国家金融、货币、贸易、财政政策、编制预算和执行预算、监管一切国家经济金融活动、储备与债务、日本官员工资福利管理、"协调"日本政党、财阀、央行等关系、监管国内公私财务体制与执行、发行国债、管理国库、人才培养……甚至在"倒幕战争"期间，直接插手日本军队建设和军事指挥。

（三）日本央行战役第三阶段——"套取黄金"行动与"金本位"思潮的推动

1."金本位骗局"

【日本经济】

在产业用电子产品方面，日本的计算机生产比欧美晚约10年，但到1968年已超过德、英两国。20世纪70年代以来，日本开始研制微电子计算机并大量生产。以微电子为中心的新技术、新产品，已广泛应用于生产领域，并曾研制出全球运算速度最快的电脑，但其总体水平仍不如美国。

【日本经济】

2004年，日本计算机生产占世界的14.1%，无线电通信产品占世界的14.8%，电子元器件生产占世界的25.1%。当年，日本电子产品出口额约占电子工业产值的63%，是出口额最大的国家。电子产品贸易顺差达502亿美元。

日本央行即"日本银行"是1882年由外资建立的一个股份制赢利性金融机构，"日元"这个提法，出现于1871年6月27日，由大藏省提出，然后确立了下来。此前，包括"太政官纸币"，用的都是"两"，类似于银票和账面数字和记账国债，虽然也有"纸币"的作用。

由于日本战国时代的"两"是个很不确切的概念，不仅各藩国说法不一、各时期说法不一，甚至每次交易都要"具体硬币，具体计算"，这就给整个日本金融带来了很大的麻烦，江户王朝不是不想解决，而是因为没有统一日本，虽然颁布了一些法律，也只能是"政令不出江户"。日元这个概念的出现，对于日本央行战役，有一系列的重大意义：

(1)1871年6月27日(明治4年5月10日)，大藏省，这个"官业民营"的神秘机构规定，"1日元"等于1.5克纯金。"日元"即"日圆"现在通用了，银行牌价一般用"日元"，故此这里全部采用"日元"，这个比价是1871年日元诞生时的含金量，不是今天日元与黄金的比价。

这一方面规范了日本战国时期的"金融乱象"，另一方面却等于宣布日本政府放弃了货币国有化的原则，正式开始实施债务货币体制，国家货币不需要抵押，也就是根本就不需要"本位"，而是一个国家实体经济的反映，"金本位"在金融战"本位骗局"中最常见——由于黄金可以私人拥有，实际上模糊了外国银行家的私人信用与日本政府的国有信用的界限，为建立"央行制度"奠定了"债务基础"、"制度基础"、"理论基础"、"认知和习惯的基础"。

(2)黄金这种几乎毫无价值，工业用途很有限的金属元素，主要控制在罗思柴尔德家族手中，日本建立之初，正式采用金本位，而又

绝对不可能有足够表示日本实体经济规模的黄金，这等于宣布由罗思柴尔德家族正式主导了日本的货币发行，否则就要陷入"金币流动性枯竭型金融危机"，不得不建立一个"独立央行"，通过"抵押国债"，借入虚假的"账面金币"，等于交出了日

【日本经济】

日本电子工业分布较分散，从北海道到九州，从沿海到内地都有分布，但主要集中于关东和九州地区，九州岛已成为半导体工业基地，被称为日本的"硅岛"。

本一切实体经济和未来的广义所有权。这本来仅仅是金融战役学的理论，但日本却"这样走了一遍"，令人歔歃。

（3）由于日本没有用黄金来描述实体经济，确立金本位等于宣布人为发动一场刚性的金融战役，直接导致全面的社会危机和政治危机。这场金融危机断断续续，直接导致了大量武士氏族的破产，几乎也是日本民族资本的总破产。

日本从"倒幕战争"到"西南战争"几乎战争不断，史料记载的"国民生产总值"和"明治政府税收"的大幅增长，主要源自国家的统一。这段时间日本实体经济大发展的背后，是广泛而深刻的殖民化，日本本来就很薄弱的民族工业出现了"非工业化"进程，与此同时，日本急剧膨胀的财阀工业，却不是日本的民族资本。在市场经济中，"你的"和"我的"有着本质的区别，日本代理人工业的空前繁荣背后，是日本民族工业和民族资本的逐渐消亡。20 世纪 30 年代，日本民族工业基本全部退出了历史舞台，再也没有发展起来的机会，目前财阀工业是日本工业的全部，而财阀却不是日本的财阀,而是华尔街缔造的"日本的财阀",这就是日本明治维新工业化过程的两面性。

2.套取黄金

新兴的"金融集团"利用战乱和日本各界对于"金融问题"的不理解,开始"套取黄金"。这个战役步骤也从一个侧面阐述了一个有趣的问题。日本民间实际使用的是铜板,这个时候日本老百姓大多愿意接收从中国输入的铜币,主要是标准化、成色好,史称"渡来钱"。日本各藩国和幕府铸造的各种货币,样品和头几批很好,甚至大量流入中国,但很快就滥铸一些"看着很像,成色或兑换率"有问题的货币,而且种类繁杂,各藩国又不统一,结果导致日本民间对于日本硬币接受度,一直不是很好。

商家使用白银,黄金很少使用,武士吃饭给两个"金叶子",这是影视文学的艺术化描写,人们主要使用铜币,铜币的购买力很好,老百姓白银很少花。这样,黄金就成了一种相对无用的贵金属,所以日本那时的金银比价与金铜比价与罗思柴尔德家族主导的"国际金融市场"不一样。日本"白银和铜比较贵,黄金相对便宜(兑换率)",这些日本金融人士就联合国际银团,用铜和白银套购日本黄金,让日本处于黄金枯竭化的状态。1874年之后,宣布实行金本位的日本,基本只有白银和铜可以流通,就是所谓的"银铜复合本位",但日本各界没有认识到"大藏省规定金本位"的"现实意义"和"历史意义"——

日本金融和货币事务，从此完全处于拥有黄金的"国际债权人"的绝对主导之下。

1882 年，日本央行建立，金本位的"日元"统一了日本信用"市场"，要发行货币，依照"国际先进的金融理论"，就必须"有足够的黄金抵押"，没有，就只好借，也就是发行"金本位日元黄金国债"，名义是"对所有人"发行，实际上只有以罗思柴尔德家族为首的"英美国际债权人集团"有能力认购，但是也没有真正"认购"，一切都是"数字游戏"和金融战骗局——人们必须了解一个问题：日本没有任何机构有权力调阅日本央行的账目。

第三节 财富名人榜——安藤百福

1910 年 3 月 5 日,安藤百福出生于中国台湾的嘉义。当时台湾正处于日本占领时期。他自幼失去双亲,祖父经营一家绸缎布匹商店。

1932 年,22 岁的安藤百福以父亲的遗产为本钱,经营起针织品生意。短短一年时间里,他创办了一家百货公司,成了远近闻名的富商。

1933 年,安藤在大阪设立日东商会,从事针织品贸易以及光学机器和精密机械的制造,同时进入大学学习经济。二战期间,安藤因有倒卖物资的嫌疑,受到日本宪兵的严刑拷问。后来,安藤的一家信用公司破产,安藤几乎赔光了所有的财产,只剩下一间简陋的小木房。

1948 年, 安腾百福成立了日清公司的前身——中交总社食品公司,在大阪府南部的海岸从事制盐业。此时,安藤正式加入日本国籍。

战后日本食品严重不足,安藤百福偶尔经过一家拉面摊,看到人们顶着寒风,排起二三十米的长队购买拉面。饥饿催生了灵感,安藤想,假如能有一种加入热水就能食用的速食面,一定很受欢迎。

1963 年,日清食品在东京证券交易所及大阪证券交易所上市。

1971 年,日清纸杯装即食面打开了海外销路。此后,安藤在中国、菲律宾、英国、巴西、新加坡、韩国等国建立工厂,构建起庞大的"方便面帝国"。目前,日清公司每年销售额超过 3000 亿日元(约合 27 亿美元)。

1981 年, 安藤百福将日清食品株式会社总裁一职交给长子,自己担任董事长。两年后,因儿子管理不善,他再度担任总裁。

1999 年,安藤将总裁的职位交给二儿子。直到 95 岁,安藤才正式辞职,卸去董事长一职,改任创业者会长。

2007 年 1 月 6 日,安藤百福因心脏病逝世,享年 96 岁。

1958 年春天,安藤在大阪自家住宅的后院建了一个不足 10 平方米的简陋小屋,作为方便面研究室,每天起早贪黑地做着方便面问世前的种种实验。

面条看似做法简单,实际上原料配合却非常微妙,偏巧安藤又是一个十足的外行,这就给他的实验平添了不少的困难。他把自己能想到的东西全部都拿到制面机上试验,结果做出来的面有的松松垮垮,有的黏成一团。他就做了扔,扔了又做。一次次不厌其烦地重复着。

试验让安藤有点痴迷,有一次在饭桌上,夫人做了一道可口的油炸菜,他猛然间从中领悟了做方便面的一个诀窍:油炸。面是用水调和的,而在油炸过程中水分会散发,所以油炸面制食品的表层会有无数的洞眼,加入开水后,就像海绵吸水一样,面能够很快变软。如此一来,将面条浸在汤汁中使之着味,然后油炸使之干燥,就制出了又能保存又可开水冲泡的面了。这种做法被他称作"瞬间热油干燥法",很快便拿到了方便面制法的专利。

第四节 "独立央行"的建立

（一）松方财政

1874年以后，经过大藏省的"金本位"政策和"藩札（也称"私札"）取缔"政策，又加上秘密的"黄金外流"，日本大藏省和日本第一央行·第一银行，所谓的"三井财阀"在国际金银比价约为"1∶16"的时候，利用手中特权和日本人民对金融战役的不理解，秘密制定了一个"1∶12"的金银比价，然后"国际债权人"集团拥有的"独立央行"，反复"买卖"金银，一举控制了日本的金银，让日本陷入了全面的金融危机。

这是一个金融战役制造的诡异时刻——一方面日本陷入了严重的流动性枯竭型金融危机，另一方面被流动性全面枯竭遏制的实体经济，又反过来通过"自我缩小"，来"适应"不断缩小的"虚拟经济镜像"，以求消极摆脱危机的束缚，这个过程是破坏性的适应，是一种刚性矛盾不可调和时刻的经济瓦解，沉重地打击了日本的实体经济，不仅让日本实体经济迅速被外资控制，而且日本竟然出现了"流动性枯竭条件下的通货膨胀"——也就是在实体经济全面崩溃，社会成员普遍破产，极少量的硬币和纸币流动性反倒会以通货膨胀的形式表现出来，这是一种金融战役中经常发生的"特殊现象"。

【日本经济】

日本的造船工业发展历史悠久，是日本资本主义发展的先驱部门，也是推动日本工业化的动力。自1956年超过英国后，日本造船量一直居世界首位，被誉为"造船王国"。

西方主流经济学是不承认有这种经济现象，因为他们不承认金融战役的存在，也就是把这种现象解释为"通货膨胀"，然后给发展中国家提出进一步通货紧缩的"危机解决方案"，这就最终导致要么金融危机转变为政治危机，也就形成了"刚

> 【日本经济】
>
> 目前，在世界造船总量中，日本占30％以上，次于韩国，居世界第二。船舶是日本重要的出口商品，其建造量的一半以上供出口。日本造船技术处于世界领先地位。

性矛盾刚性释放"，要么"外资流动性"进入，全面廉价主导一个国家级别的实体经济。

(二)日本金融战役史小趣闻：日本历史上"三大紧缩财政"的秘密

这几个"超级紧缩型财政"阶段，被称作日本历史上的"三大紧缩财政"，即著名的：

1.松方财政

"明治维新"时期的松方正义是日本大藏省第一任首脑。"松方财政"的直接后果就是社会信用枯竭导致的民怨沸腾和"迅速平息民怨"的"日本央行体制"的建立，不过是大量注入信用的鬼把戏，所以立竿见影。

2.井上财政

井上准之助，"30年代大萧条"时期日本的大藏相井上准之助，在流动性枯竭型金融危机的情况下实施"紧缩财政""解决金融危机"，后果可想而知，直接导致日本农民普遍地破产，日本只能走上"军国主义道路"，否则就会

"内爆"。

3.道奇财政

这更加彻底,由罗思柴尔德家族控股的底特律银行总裁,银行家约瑟夫·道奇,实际还有一个哥伦比亚大学的学者舒普(C.S.Shoup)被派到日本搞"税制改革"确立了日本近代的

【日本经济】

近年来,船舶向大型化、高速化、专业化和自动化方向发展,且以建造商船和油轮为主,兼营各种专业船舶的制造。主要造船企业有石川岛播磨重工、川崎重工、三井造船等。

税收体制。

银行家道奇直接管理日本 "货币金融财政事务",诸如著名的"360∶1"的日元汇率体制,就是由此人一句话定下的,史称"道奇财政"。这是第二次世界大战后,美联储导演的所谓的"马歇尔援助计划"的"东方马歇尔"计划的一部分,核心就是迫使接受"马歇尔计划"的国家,接受华尔街银行家的"金融货币财政预算监管权",然后通过执行残酷的"紧缩政策",让战火破坏的国家无法出现"战后恢复性增长",又同时"进行大量美元援助",也就是世界美元化,让各国陷入对美贸易顺差和美元信用输入的依赖,从而确立美联储股东,也就是罗思柴尔德家族对全世界的信用供给者的金融僭主地位和金融僭主集团对美元体系内的一切国家的广义财富转移机制。

道奇财政的直接后果,就是日本无法通过本国货币发行实现战后复苏,也就是本国根本就没有足够的虚拟经济信用符号来表示实体经济,通过虚拟经济对实体经济

的反作用,导致日本出现战后实体经济无法恢复的危险前景,从而必须依赖美国市场,实际是依赖美国货币——即"日本人民劳动,美联储给出数字",更深层次则导致了日本主权进一步的流失。

这就是为什么苏联和东欧拒绝了"东方马歇尔计划"的内在原因,这种短期繁荣的代价狭义范畴是经济殖民地化、政府代理人化、财政债务化和货币私有化,广义范畴则导致国际秩序金融僭主化——美元化的金融实质是美联储世袭股东对接受美元地区的一切财富的广义拥有。

(三)金融战役和虚拟经济制造的"奇异的空间"

1874年后的日本,就处于这样一个奇怪的物理空间,历史记载是"通货膨胀",而实际是严重的通货紧缩。倒幕时期,金融集团通过强力扶植松平庆永(1828—1890),他是横井小楠精心培养的人物,欧美势力除松平庆永"不打交道",幕府将军德川家定(1824—1858)明确表示过不同意,但"形势比人强",此君上台后推行了一系列导致民变的货币政策,导致全面的金融危机和抢米风潮,江户幕府亡于此人之手,他"外若攘夷,内为代理",倒幕前期是"攘夷派"领军人物,"对抗""亲西派";倒幕后期是"公武合体派",对抗"武装倒幕派",一直是这样一个神秘的人物,身出幕府,而荣任"明治新朝"的内国事务总督、民部卿、大藏卿等职务,也是日本央行的缔造者和世袭股东的潜在"入围"候选者。

跨国金融资本的一系列金融战"措施"在日本制造了一个全民倒幕的风潮,这时又通过"流动性枯竭型金

融危机"制造了一个日本"混战"的历史局面，先消灭了幕府武装，又打垮了占日本人口7%的武士阶层，铲除了尾大不掉的"旧的"萨摩武士集团，并"注入了新的灵魂与活力"。

（四）"日本独立央行"的建立

1882年，"维新三杰"已经先后离世，为了"解决"日益严重的紧缩型金融危机，通过紧缩信用，制造了这场金融危机的大隈重信、由利公正、吉原重俊等人，又联手提出了一个"解决危机"的金融方案——仿照美英建立央行体制。

日本迅速通过了《日本银行条例》，同时把"明治维新"时代开始的"官业民营"政策，继续发展为"金融产业民营股份制"，也就是把国家的货币发行和金融、财政、货币、预算、税收主权私有化、外资化了，这也深刻地改变了日本国家的性质，彻底扭曲了日本民族的"强国之路"，形成了一个复杂的"官业民营"为特征的广义财富转移机制——日本央行主导下的跨国财阀托拉斯体系，不仅仅是一个"金融改变"，而是日本历史道路的大分水岭，是一系列复杂而深刻历史演变的结果、总和与出发点。

这个《日本银行条例》，实际就是"日本央行法"，这个所谓的"日本银行"却不属于日本，是一个地地道道的"外资控股的股份制营利性金融公司"，这个"日本央行"在日本纳斯达克的证券代码是"8301"。1963年公开上市，实际上要早得多，因为日本央行建立伊始就是私人银行。当然，没有股东公开出卖日本央行股份的案例，这实际上仅构成了日本政府出卖"合资央行国有股份"的"央行彻底私有化"的一个"合法化"的过程，而不是央行私有化的过程，因为央行制度本身就必然是私有央行和私有货币。日本央行开始是一个华尔街控股的合资银行，不过日本股东入股的是权力与私欲，华尔街入股的是"空气"和渗透——日本央行的世袭大股

【日本经济】
　　日本造船工业主要集中在太平洋带状工业区的港口。长崎造船厂历史悠久，是日本和世界最大的造船中心之一。

东就是华尔街，也就是罗思柴尔德家族，世袭小股东"可能"就是 1882 年日本大藏省和"日本银行"的几个日本财政系统的国家公务员，具体股东不详，这可能是一个永远的秘密了。

吉原重俊，出任日本央行第一任"总经理"——"央行行长"。

> **【日本经济】**
>
> 日本农业现代化水平极高，但农业在日本经济中不占重要地位，2005 年，在日本国内生产总值中，农业仅占 1%。农业从业人口 216 万，占全国总就业人口的 3.4%。全国耕地面积 477 万公顷，占土地面积的 12.6%。

（五）谁拥有日本央行，也就是日元是哪个银行家族笔下的"数字"？

有关这个问题，的确是重重迷雾，这份股东名单人们是永远也拿不到的，但可以通过一些历史记录，探究一下这个神秘的历史角落：

1.原始股东

由于，1882 年"维新三杰"已经全部被"消失"了，日本幕府势力又在倒幕战争中消亡了，"天皇"是个摆设，其实"天皇"此时的处境极为微妙，谁也不敢说话，连最核心的萨摩武士集团的军事实力派人物"西乡隆盛"都造反被杀掉，日本军事权力直接由"英美国军事顾问"把持，大藏省无所不管，实际上是大藏省在行使日本的最高权力。

大隈重信、由利公正、井上馨、吉原重俊精心炮制了一个《日本银行条例》，这个条例，实际上搞了一个"合资"金融公司，却拥有发行日元的无上特权。一些文献说"1882 年，日本通过了《日本银行法》"，这是一种很有趣的说法：一方面，1882 年日本的确出现了一个叫做"日本银行"的央行,发行日元直到今天;另一方面,1882年,仅仅是日本大藏省,根据1872年日本大藏省的《日本国立银行法案》,自行颁布的一个"内部条例",故史称"日本银行条例"——日本的货币发行权从名义上来说,还在"大藏省"手中,如同纽约美联储发行美联储券,却说是由美国国会的联邦储备委员会发行,这样就符合美国宪法了。

《日本银行条例》第十四条《特别规则》中有如下规定,即"可以银行券兑换银币","日本银行所发行的兑换银行券数额必须以相当的银币来作为准备金"。作为日本银行创立者及《兑换银行券条例》起草者,松方正义的初衷是,以比利时中央银行为样板,通过日本银行回收全国大、小国立银行发行的纸币,进而停止由政府发行纸币,不断地增加正币储备,实现具有私立性质、独立的中央银行体制,从而建立近代货币流通体系。"

这个"日本银行条例"又如何实现了"松方正义的初衷",也就是日本货币的私有化呢?奥妙就在于大藏省此前制定的"新货币条例(1871.6.27)",实际规定了金本位,"日本银行条例(1882)"又重申了"银币抵押",实际此时日本国内既无黄金,也无白银,除了被"套购风潮"运抵海外的部分,日本国内固有的硬币如何能满足工业革命所创造的实体经济规模呢?

这就让"日本央行"实际由这个"官业民营"的"大藏省"来作为日本政府借贷方,向"国际债权人"举债,才能发行"日本货币"。"大藏省"表面上还主动把权力交给了一个外资拥有的冗余金融机构——"日本银行"。这种"主动放弃,放弃的是日本民族的主权",央行实际是个"空壳机构",仅仅是一个牌子,不过是一个"虚假债务制造器",控制在大藏省和"央行"等几个人手中,形成了一个"央行集团",又服务于"国际债

【日本经济】

日本农业规模小,个体经营在农业中占主要地位,即以小农经营为主,缺乏资本主义大农场。2001年,日本农户总数为307.2万,目前农户数目仍在不断减少。

权人"。

由于"央行"的"独立性"，谁也不能去查"央行"的账目，大藏省又如何会去查呢？奥妙就在这里。大藏省 1871 年规定了金本位，1882 年又把日元界定成"银币抵押"，1897 年又搞了一个《日本货币法》，再次规定日元的金本位，这是为什么呢？

【日本经济】

日本农业集约化程度高，精耕细作，单产高。在每公顷粮食产量、每百公顷可耕地拥有的拖拉机数量上，日本都是世界上最高的国家之一。

日元，那时叫"日圆（円）"，最开始就被英美银行称作"Yen"，也就是中文"元"的发音，这种"银币抵押"主要是虚拟账面"银元"抵押。这个时期，所谓的"中国银元"全部控制在罗思柴尔德家族手中（请参看"英国卷"），国际两大跨国金融资本的较量，以德国法兰克福犹太金融资本完胜英国苏格兰金融资本，宣告了罗思柴尔德时代的到来。

这个时期，能够支撑日本实体经济规模的"国际债权人"，只有罗思柴尔德家族，考虑到日本早期金融人物与尼德兰银行家和"伦敦大学"体系的关系，以及"日元"在英语中的中文发音，可以粗略看出罗思柴尔德家族在第一次鸦片战争后，以中国香港为基地，依托"三大洋行"实施对日本实体经济的全面信用注入，这给日本带来了全面的、立即的、暴发性的"繁荣"和工业革命。"三大洋行"也就是"虎门销烟"中的"三大贩毒集团"，都是罗思柴尔德家族所有，这时盘踞在香港且直接在美国华尔街开公司的，就是"美国罗素公司"，也就是"美国旗昌洋行"。

问题是，这些金银本位的账面信用符号，并非

是真正的金银，而是"账面符号"，是日本实体经济和日本人民辛苦劳作成果的虚拟经济镜像，日本政府可以自己发行，根本就不需要一个"独立央行"，更不需要为此向"国际债权人"举债。因为这带来了一笔以日元总量为基数的、以黄金和白银记账的、荒谬的、不曾存在过的、不能归还的虚假债务，世世代代压在日本人民的身上，本息最终会超过日本的税收，然后是产值……以致趋于无限大——2010年，日本政府的狭义负债已经达到了产值的两倍。

从日本来说，原始股东就是1882年把持"央行"和"大藏省"的那几十个人，具体人员构成必将是一个永远的谜。有趣的是，即便华尔街把他们中的某些人从股东列表上"抹去"，也不会有人出来喊冤——这事说不得、提不得、见不得阳光。

2.日本央行的大股东

"日本央行"这个事物，从发展来说，最早就是大隈重信在秘密倒幕期间和武装倒幕期间的秘密筹款小集团；真正以机构形式出现的就是"大藏省"，"日本银行"这个名号出现，则是1882年的"日本银行条例"的产物。

但从法理来说，从日本国立法的角度来说，这时日本没有"央行"，也就没有"央行股东"，而仅仅有一家私有银行的股东。因为"大藏省"的"日本银行条例"固然无人敢违背，但从法理上不能凌驾于日本"天皇谕旨"之上。这个条例不是日本内阁制（1885.12）的产物，不是日本的法律，也不是"大日本帝国宪法"（1889.2.11），甚至不是当时"宰相"，也就是"太政官"的命令，而仅仅是一个"部门"的内部条例。

大藏省打着"太政官"的旗号，发行货币或做任何事，没人敢管，但铸造、发行货币，不要说是现代社会，就是在封建社会也需要"谕旨"，实际这

【日本经济】

在品种改良、栽培技术、农药和肥料的合理使用及水利灌溉等方面，日本农业都达到了世界先进水平。目前，日本正努力加大农业方面的科技创新，以实现农业由机械化向自动化的转变。

种"条例"是无效的,也可以说是违法的,绝对不是日本法律的产物,最多是"内部通知",这种很微妙的状态,直到《日本银行法》出现,才得以结束。

《日本银行法》,是在日本深陷战争,日本各界的全部注意力都在太平洋战争上的"绝佳时期",由日本金融集团悄悄地推出的这个对日本有着重大历史意义的正式央行法案,算是对1882年大藏省"日本银行条例"的"转正"。这一年是1942年2月24日,日本偷袭美国珍珠港是1941年12月7日,也就是"昭和十七年法律第67号",史称"日本央行旧法"。大藏省1882年"日本银行条例",在1942年5月1日正式"废止",实际是"转正"了。1997年6月18日制定,1998年4月1日正式实施的《日本银行法》,即"平成九年法律89号",史称"日本央行新法"。

"昭和十七年法律第67号"规定,"日本银行"("日本央行",不是"日本的银行")是一家注册资本为1亿日元的金融企业,0.45亿日元由"私人股东拥有",0.55亿日元由大藏省持有"国有股"。目前"国有股"已经上市"流通",不过谁也没见过,开始似乎是一个日本国有控股55%的"国有金融机构",实际上"国有股"进入"流通","日本央行"发行的"日元"就是如假包换的"一个外资私有盈利机构和外国控股者笔下写出的数字符号"了。

换句话说,"日本央行"是一个国际债权人集团控股拥有的私人盈利企业。根据规定,日本央行世袭股东盈利分红不得超

【日本经济】

日本农业经营中的专业农户减少,兼业农户增多,占70%左右。在兼业农户中,以农业为主的第一类兼业农户数量减少。

【日本经济】

日本农业劳动力的老龄化明显。据统计，从事农业生产的男劳力平均年龄比非农业部门劳动力的年龄高10岁以上。

过5%——问题是，这个根本就不需要的"日本央行"，以日元总量为基数来得到利息，还需要额外的"分红"吗？央行的世袭股东和"国际债权人集团"从法理上来说是分离的，这就是央行骗局的组成部分，所以央行本身是国有还是私有根本不重要，关键在于"分权"、"独立"和"债务货币骗局"、否定"预发行货币余量前提下的国债体制"，这会导致本国经济发展不可避免地依赖于"国际债权人"对本国发行货币为目的的所谓"国债"的认购，从而形成跨国金融僭主主导体制。

有位尊敬的老先生安排笔者思考一个深刻的问题："当前日元已经成为硬通货，如何理解？"答案并不复杂却很耐人寻味："金融僭主体制下，金融僭主缔造、拥有的货币都是硬通货，一切美元化的货币，也都是美元世界的硬通货。"

第二次世界大战期间，1942年的时候，全世界只有罗思柴尔德家族有能力同时操纵战争中的敌对各国（请参看"德国卷"），这不仅表现在美联储世袭股东，罗思柴尔德家族的代理人德国犹太金融情报世家沃伯格家族对德国军工联合体法本公司的拥有，在意大利也有类似的现象。剑桥大学历史学家彼得·马特兰最近从史料中发现，意大利法西斯运动的创始人，贝尼托·墨索里尼是英国秘密情报局驻罗马的负责人，银行家赛谬尔·霍尔也是英国外交大臣（1935.6.7—1935.12.18）招募的秘密情报人员，用于煽动战争狂热。

剑桥大学历史学家彼得·马特兰德发现："第一次世界大战时期，在俄国退出战争后，英国最不可靠的盟友就是意大利。从1917年秋天开始，墨索里尼每周都会领到军情五局发的100英镑薪水，大约持续了1年，作为鼓动意大利人民继续支持战争的报酬。当时的100英镑相当于现在的6000英镑。"彼得·马特兰德在浩瀚的历史资料中，发现了墨索里尼被军情五局招募、充当特工的细节。赛谬

尔·霍尔曾在 1954 年的回忆录中提到墨索里尼被招募为英国特工的秘闻,但是彼得·马特兰德是首次披露墨索里尼领取的薪水数目、承担的任务等具体细节的。据悉,当时墨索里尼一方面负责右翼干涉主义报纸《意大利人民》(Il Popolod' Italia)的工作,另一方面,他告诉霍尔他将会派遣意大利退伍老兵去殴打米兰的和平示威者。"

　　此处的"军情五局",可能为"军情六处",因为"军情几处"的说法,并不规范,是英国一种"通俗的说法",已经废止,英国情报局和英国秘密情报局常被弄混,有时甚至可能是一种故意的安全策略(请参看"美国卷")。

　　日本这个"央行法案"推出时,日本央行的行长是日本四大财阀(三井、三菱、住友、安田)之一的安田财阀的重要人物结城丰太郎。"财阀利益的代表者进入政府的各个重要部门,甚至某些财阀主导人物直接出任政府的要职,例如三井的池田成彬、住友的小仓正恒、安田的结城丰太郎,都曾直接出任第二次世界大战期间的大藏大臣"。

　　1942 年 2 月 24 日之时的 1 亿日元,是否很多呢? 依据《日本货币法(1897)》,这笔钱约合 75 吨纯金——只是相当,因为 1931 年 12 月 31 日,日本几乎与华尔街同步中止了日元与黄金的兑换,"国际债权人集团"就得到了日元的合法发行权,很便宜。这里不妨对比一个数字。

1945 年 8 月 28 日,日本金融集团的元老吉田茂精心培养的日本财政集团的池田勇人(1899.12.3—1965.8.13,1945 年时任大藏省主税局局长)出面找到劝业银行,融资 1 亿日元,给东京皇宫广场(天皇的住宅旁边)誓师成立的日本内务省警保局通令全国建立的"特殊设施协会",简称 PAA,史称"世界最大的卖淫托拉斯",专门招待驻日美军。

【日本经济】

日本农产品自给率低,仅为 40% 左右,农产品进口量不断增加。日本已成为世界上最大的农产品进口国。

他把这笔钱交给了"PAA"副理事长野本源泉次郎,池田勇人战后历任大藏相、自民党总裁、日本首相等要职。所以说,不了解日本央行的来源和性质,就不理解日本金融集团和日本财阀势力为何在

日本战败后,全面登上了日本的政治舞台,丝毫也没有受到冲击,反而空前兴旺起来的奥秘(请参看拙作"货币长城"的有关内容和注释)。

所以,拥有日本央行的大股东,也是第二次世界大战期间,为日本法西斯秘密融资,支持日本对美国、中国、俄罗斯等国家战争的"国际债权人集团"。由于苏格兰银团的资本影响力在第二次世界大战后,已经远远不能和德国法兰克福银团相比,基本是罗思柴尔德家族一枝独秀,"国际债权人"别无二人。一些参与分享这个用金融战骗局,世代奴役日本各阶层人民的央行世袭小股东们,则只能是"央行建立的功臣"。现在人们只是猜测,历史老人会给出答案。日本动画片《名侦探柯南》的主角小学生柯南有一句台词:"真相只有一个。"

(六)原因与构架——为什么日本央行战役进行得如此顺利?

1.1882年日本央行体制确立的时候,日本政界没有了"维新三杰"这个政治核心,社会各界饱受战乱和金融危机之苦,政治压力很大,日本统治阶层"选择和思考的余地"很小。日本金融、财经和货币等事务又长期由"大藏省"高层小集团把持,这个"实际的央行",建立了一个"名义的央行",1942年又把其变成了"日本合法的央行"也就"顺理成章"了。

2. 萨摩武士集团从一开始就不具备争霸日本统治权的实力,"倒幕四雄藩"的联盟、武力倒藩的"资金来源"、"明治新军"的缔造和训练、媒体建立和舆论准备、"明治时代"金融经济货币机制、"倒幕人才"的培养与组织……这一系列的重大问题,都是由跨国金融资本予以"协调",甚至直接插手。萨摩武士集团

> **【日本经济】**
>
> 日本是发达国家中粮食自给率最低的国家,其自给率(包括食用和饲料用)仅为27%,其中小麦为14%,大豆为5%,猪肉为50%,牛奶为60%,水产为50%,蔬菜为79%,但稻米基本自给为95%。美国是日本进口食品的最大供应国,其次为中国以及澳大利亚、加拿大等国。

内部，没有形成一个足以抗衡外国金融资本渗透日本的政治集团，岛津家族没有变成新的德川幕府，"维新三杰"轻易地被消灭了，这是代理人体制天然脆弱性和软弱性的真实体现。

德川幕府固然有各种问题，但离开了德川幕府的民族性之后，日本在政治上迅速地半封建半殖民地化，在实体经济所有权和工业化的问题上迅速地"外资化"，在金融货币税收预算领域迅速地买办化和私有化了。这就是日本"脱亚论"整体的"强国构架"，实际上是一场金融战役的总和，是跨国金融资本熟练运用金融战系统工程，轻易地征服一个国家的经典战例。

3.日本"突然的强盛"和日本丧失货币发行权有着深刻的内在联系，都不是一个孤立事件，而是世界跨国金融资本空前强大到一定程度之后，开始走向金融主义时代的序曲。一个亚洲中等国，由于金融资本的注入，迅速"强大"到足以在一段历史时期打败实力远大于自己的中国、俄罗斯等诸多邻国，不是"文明的先进"，不是"强国的胜利"，不是"武士道的战功"，更不是"人种和文化的优秀"，而是"明

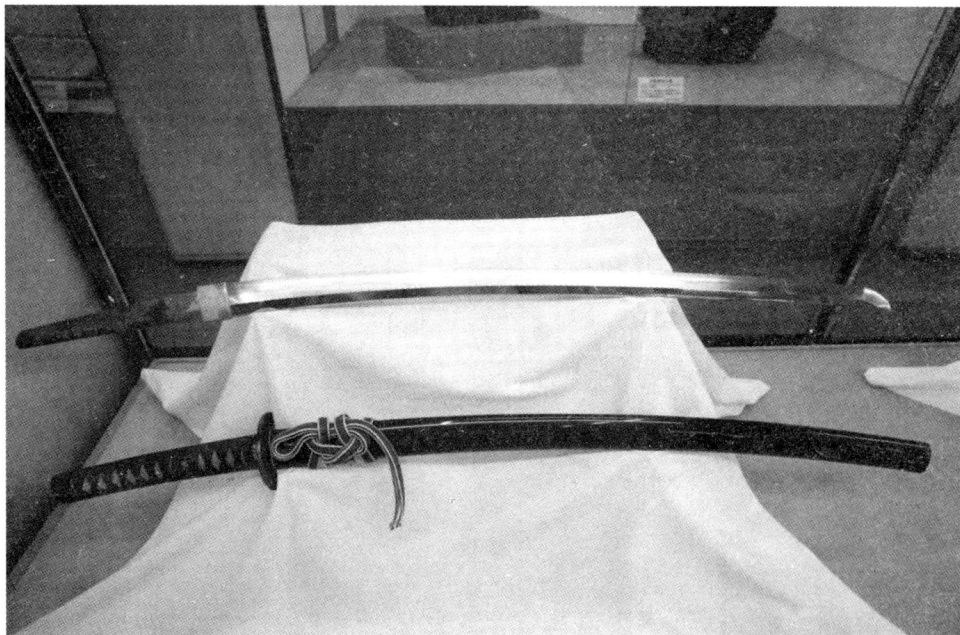

治强国"彻底的战略失败和代理人战争的胜利——日本工业化的代价是民族资本的消亡,不论从性质,还是从内容上说,与一场反侵略战争的总败仗,没有什么两样。

这是一个世界范围的资本凝结浪潮,日本仅仅是一滴稍触即干的民族主义小水滴,完全不具备中国

和俄罗斯那种抵御国际金融资本的长期较量的战略潜力和强势文化,甚至不如同期朝鲜的反应。这与日本民族形成较晚,民族文化力量和沉淀非常弱小有关,那个时期的朝鲜国不是亡于日本,而是亡于跨国金融资本手中的"日本战刀"。

4.日本央行体制的确立和日本货币的私有化,是"明治维新"时期"官业私营"指导思想的必然结果,不仅仅是金融产业的股份化,也不仅仅是社会上层建筑的私有化,而是日本主权的跨国金融僭主化和一切权力的僭主家族世袭化,是一种以金融货币主导权形态之争表现出来的民族主权与社会权利构架的彻底改变。

第五节　孝明之智、明治之艰、大正之谋、昭和之谜

日本央行战役的战略后果，对于日本的"强国之路"无异于南辕北辙，对于除了央行集团的日本上层无异于釜底抽薪，如果认为"天皇"为首的日本传统势力，绝对没有认识到问题的存在，没有进行过抵抗和较量，那是不客观的。但失去了幕府军事支持的"天皇"，所能作的只能是一些"计谋"，最多不过是明哲保身、顺势而为，胜利的可能性微乎其微。

（一）孝明之智

日本孝明天皇（1831.7.22～1867.1.30），被日本一些书籍描写为优柔寡断，庸碌无为的人物，这不是事实，是有着深刻金融战背景的伪史。孝明天皇、大正天皇、昭和天皇，是日本"明治维新"前后，央行战役前后，日本半封建半殖民地化前后的 3 个天皇，是日本金融战役的见证者。

孝明天皇此人，在 19 世纪极为复杂和险恶的局势下，面临内忧外患，外有"黑船"，内有"倒藩"，又没有实际的主导权，可谓难中之主。"倒藩"势力一直打着"还政

于天皇"的旗号,全力拉拢孝明天皇,但是他一直冷静地维护德川幕府的正统地位,被讥讽为"软弱"和"庸碌",而丝毫不为所动。

孝明"天皇"是当时日本极少数具有战略远见的政治家,他没有被"还政"的权杖所诱惑的关键,自然不是对权力的"无视",而在于他看出了江户德川幕府虽有"挟天子令诸侯"之嫌,但天皇一直没有过实权,只是由日本武士氏族集团维护的日本神道的象征,与中国那种权臣架空皇权的情况并不尽相同,"幕府体制"与"天皇体制"一直相互支持,在日本形成了一个民族核心,而"倒幕势力"则截然不同。

萨摩藩是日本当时偏远的地域,由"耶稣会"主导意识形态,实际上是跨国金融资本的代理人,不能简单看成是日本民族内部的德川武士集团之外的另一个武士氏族集团,最终必将起到弱化,甚至消灭日本神道的历史作用,而不是一次"传统的幕府变更"。萨摩集团不是单纯的武士氏族集团,而是跨国金融代理人集团,这在日本是一个新生事物,但孝明"天皇"冷静且颇有远见地看出:"倒幕"就是"倒天皇"。

所以,孝明天皇坚决抵制所谓的"王政复古",(就是把权力交给天皇),并且坚定地支持国内的"攘夷派",还把妹妹和宫亲子内亲王嫁给第十四代征夷大将军德川家茂,以此形成了一个日本民族抵御外侮的政治核心,史称"公武合体",就是天皇和幕府积极联合,抵制外侮。这实际在抵制以"尊皇攘夷"为口号的萨摩武装倒幕图谋,孝明天皇的攘夷是真正的"攘夷",萨摩藩的"攘夷"是一种口号和策略,这种尖锐对立和口号交织的背后,是爱国主义与买办主义的激烈较量,跨国金融资本对孝明天皇恨之入骨。

松平庆永这个人搞垮了幕府,实际幕府将军德川家定不想用此人,曾经说过:"让庆永担任大老,从家格的角度来看不

【日本经济】

　　日本的其他粮食作物有小麦、大麦、马铃薯等,但产量很少,每年需大量进口,主要来自美、加、澳,约占总需求的90%。

行,最适合的人选是彦根的井伊直弼",可 1860 年,"井伊直弼"神秘遇刺身死,只好用了松平庆永。在这个历史时期,把持日本皇室内廷的人叫岩仓具视(1825.10.26&1883.7.20),在他的精心照料下,孝明天皇 1867 年 1 月 15 日突然得了天花,可是孝明天皇年仅 35 岁,正值壮年,身体强壮,意志坚强,顶过了危险期,病情开始好转了。1867 年 1 月 29 日,孝明天皇的天花已经结痂脱落,他起来吃东西,虽然此后会有些麻子,但没有大碍。可 1867 年 1 月 30 日吃过晚饭后不久,大约在 23 点突然七窍流血而死! 当时就有人说,是岩仓具视用砒霜毒死了孝明天皇。

岩仓具视此后摇身一变成了"明治维新"的金融派,组建"岩仓使节团",与大久保利通、木户孝允、伊藤博文等高官周游欧美,风光无限,积极参与建立了 1882 年日本央行体系,是明治新朝的左大臣,萨摩武士集团的核心人物,岛津久光就曾历任左大臣,后被迫辞职,岩仓具视的地位竟然几乎与之相等。日本央行建立后不久,他突然暴毙。

(二)明治之艰

在德川幕府时期,将军府在江户,天皇在京都(也就是江户附近),明治维新的 1868 年,明治天皇迁都东京,开始了明治时代。他的父亲七窍流血却不敢去查,身边就是岩仓具视,幕府又被击垮,父亲孝明天皇苦心建立的攘夷政治团体,悉数灭亡或倒戈,满朝尽是"新人",更深层次的问题是:日本天皇一直就没有政治团队,依靠日本神道威望和历届幕府武力服人。

明治天皇虽然处境极为险恶,却处乱不惊,显示出了极高的政治手腕,颇有乃父之遗风。他审时度势,没有被孝明天皇的影响蒙住双眼,而生搬硬套,把萨摩武士集团看成铁板

【日本经济】

20世纪60年代以来,日本蔬菜种植面积和产量都有大幅增长;水果生产增长也很快,大体以关东平原为界,北部盛产温带水果,南部盛产亚热带水果。日本的蔬菜、水果及花卉均不能满足需要,每年需大量进口。

一块。他准确地捋清了纷繁复杂的人脉，这对于一个缺乏政治经验的年轻人来说尤为可贵。他利用"天皇"的威望和复杂的朝野矛盾，拉拢了几批人，建立了一个以日本武士氏族集团为核心的政治门阀利益集团。这是当时日本唯一与央行财阀集团联合却独立存在的政治集团，也就构成了明治维新之后日本一切金融战役的人事背景。

1. 岛津家族为首的萨摩武士藩主势力

这批人对央行集团把持朝政心怀不满，本来是倒幕的核心，却被排斥、打压出了决策圈，内心"很不平衡"。

2. 日本武士氏族集团

江户时代占日本7%人口的武士氏族阶层，在大藏省制造的金融危机中，纷纷破产，除了极少数新贵，大部分沦为浪人，甚至还不如早期的农民。1867年以后的"大政奉还"、"王政复古"，"王政复古大号令"以明治天皇的名义，在1868年1月3日颁布。仿照欧洲文艺复兴形式的"工业革命"的确广泛而深刻地出现了，但日本的封建社会构架不但没有被削弱，反而得到了加强，心理和经济落差最大的阶级就是武士氏族集团。

江户时期日本的民众构成是"武士、农民、手工业者、商人"，武士氏族集团位置最高。明治维新之后，日本上层是央行集团一手遮天，中层是手工业者和中小商人，下层是以种地为生的农民，武士阶层少数被封为华而不实的"华族"。

"四民平等令"把中下层武士，故意分化成"士族"，却又不是官吏，军队把持在"英美军事顾问"手中，新的"四民平等"不过是用"皇族、华族、士族和平民"替代了日本古代的"士农工商"，弱化了日本民族工商阶层，分化了日本武士氏族阶层，反而突出了封建等级制度和姻亲门阀，所以"四民平等令"是一种历史的倒退。这不能单看里面有"平等"二字，而要看"四民"的实际构成，其根本目的是为了在日本发展代理人工业体系，消灭日本民族工业萌芽铺平道路，故"并没有影响日本的工业革命"，而是出现了一个外资工业在日本蓬勃发展的局面。

大多数武士，尤其是中下层武士很多都陷入了破产的境地，处境非常悲惨。包括早期享有国王权力的世袭藩主武士家族都在"废藩置县"（"三府七十二县制"）处于被架空的状态，丧失了征税权，更无力豢养长期依附于各藩主的中下层武士家庭，"藩主、大名"都坐吃山空，中下层武士一片凄惶愤怒，所以"叛乱不断"，最后连"维新三杰"之一的西乡隆盛都开始反对明治维新了。

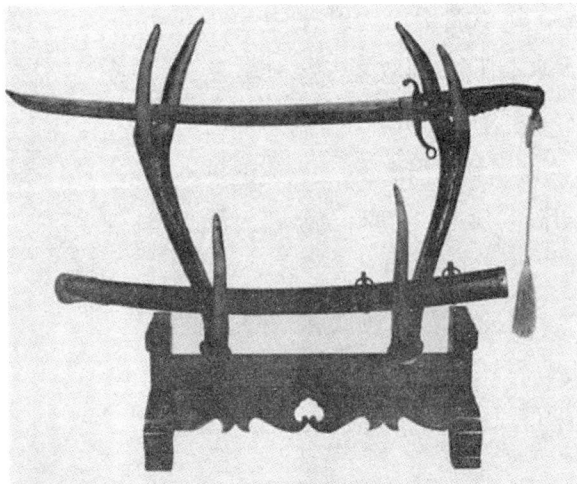

明治天皇全力拉拢这个阶层，但历史的负面影响使其不自觉地站在了发动对外侵略战争的边缘，箭在弦上不得不发了，因为出于强大的历史惯性和生活惯性，这些武士氏族集团，尤其是中下层，被蓄意推向了战争，祸水外引，以邻为壑，不自觉地成了跨国金融资本征服包括日本在内的亚洲各国的

刀和枪。明治天皇的策略,包括"安慰"、"联姻"、"嘉许",这些看似不大的小动作成本很低,却由于日本神道的传统号召力,实际上或多或少地影响了日本的政治格局,隐约初步形成了一个以天皇为核心、武士氏族集团和落魄幕府势力为基础的门阀利益集团。

【日本经济】

奶牛饲养主要在北海道和本州岛的东北部地区,肉牛主要在南九州,猪和家禽饲养分布广泛。2004年,日本有牛447.8万头,猪972.4万头。当年肉类产量300.6万吨。日本渔业发达,但不能满足多样化需求,仍需从国外进口。

3.从众者

明治维新把天皇推得很高,虽然这是一个弱化天皇,使之坐上佛龛,远离实权的策略,但也影响了一部分日本人,尤其是中下层,视天皇为神者的大有人在,这些人只要明治天皇不犯太大的"众怒",就会被拉拢到身边,形成一个广泛的政治基础。但前提是天皇要逐渐使之上层门阀化和下层产业工人化,明治天皇没有做到这一点,他实际上点燃了日本对外侵略战争的导火索,让上层军部化,下层士兵化,也间接加速了19世纪末日本的半封建半殖民地化和军国主义化的历史过程。

一句话:明治之艰,贵在不可能的条件下,影响了日本的政治格局,终也没有把巩固"天皇体制"和维护日本民族的根本利益结合起来,这无疑是一个历史的遗憾,也是日本民族的遗憾。最终也必将是"天皇体制"的遗憾。而这种遗憾的产生,仅从明治天皇个人来说,不是政治才能的问题,是封建皇权的狭隘与追求和历史条件使然。

(三)大正之谋

日本大正天皇面对的环境更加复杂。明治天皇为了维护日本天皇体制的私利,成了对外发动侵略战争的"领军者",直接出任总司令,并建立了一个世袭门阀体制,这部分保留了日本的民族主权,但结构不合理,军国主义色彩鲜明,世袭体制也落后于日本工业革命的进程,军国主义更是把日本拉入了侵略战争的泥潭。"岩仓使节

【日本经济】

日本交通运输业非常发达，铁路、公路、海运、航空等形成密集的交通运输网络，与国内各地相通，并与世界各地保持密切往来。日本客运以铁路和公路为主，货运则以公路和海运为主。

团"的伊藤博文在"维新三杰"，尤其是大久保利通被神秘暗杀后，主导了日本的政局，却被政治手腕很高的明治天皇拉到了身边。

伊藤博文在 1909 年 10 月 26 日抵达中国哈尔滨火车站时，被朝鲜爱国者安重根刺杀，这个历史事件的背景实际要复杂得多。伊藤博文本来是"金融派"，被拉到"天皇派"后，游离于"军队势力"和"央行势力"之间，试图左右逢源。他的遇刺发生在与包括沙皇财政大臣在内的俄罗斯银行集团秘密会面的前夕。这对明治天皇打击很大，间接导致了他的健康迅速恶化，最后死于"肾病"。

大正天皇接手时，面对央行集团和"军国主义势力"的双重挤压，具有讽刺意味的是，"军国主义势力"也就是军队中的法西斯极右势力，是这个时期日本的、被扭曲的、被误导的"民族主义能量"的携带者，是金融战役打击下的畸形果实，"央行集团"反倒带有"和平主义色彩"。这种"和平"与"战争"的唯一区别，就是金融冷战和金融热战的区别，其他别无二致。这种伪"和平"主义的实质更加肮脏和可怕，与日本军国主义沆瀣一气，不过是一个硬币的两面。

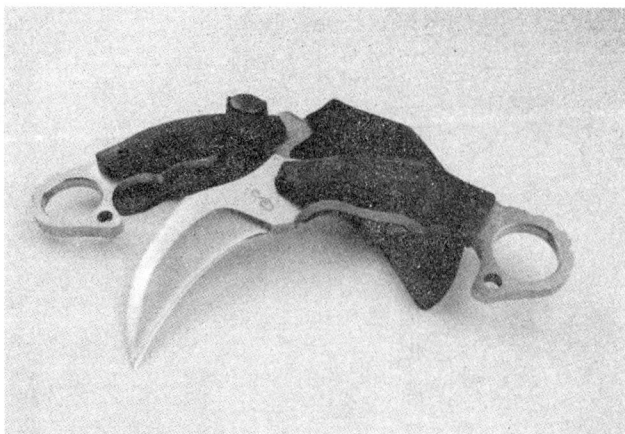

大正天皇不愿立即发动全面的侵略战争，因为他可能已经看出日本这种四面出击的结果，必然是以彻底失败而告终。更为重要的是，他首先希望看到的不是日本的"对外侵略战争的胜利"，而是日本央行集团与"军事集团"的

火并，这就需要把他自己从政治较量的焦点中转移出来，又不失天皇之位！他就开始装疯，把持朝政的央行集团就立刻用"太子监国"，也就是扶植一个"小孩子"——"昭和天皇"（"父子共治"）。

"太子监国"的开始时间是"望远镜事件"。据说，1913 年，大正天皇在检阅时，用诏书卷成圈四处看，然后翻检受阅士兵的物品；也有一说"望远镜"和"翻东西"这两件事发生于不同的场合，"望远镜事件"发生于 1919 年，因为日本没有正史记录，很难确定具体时间，不过大抵如此。1921 年，昭和天皇正式监国摄政，实际却开始于1913 年，那一年昭和天皇还是太子，年仅 12 岁。

大正天皇此举，以退为进，不动声色，扶子上台，扶植神道，神化天皇体制，使自己超然地、巧妙地摆脱政治焦点，又能无为而治，直接引发了"央行集团"与"军部集团"的一系列殊死较量，可谓"大正之谋"。但是大正英年早逝，年仅 48 岁就"病故"了。

（四）昭和之谜

昭和天皇这个人所面临的局势，对皇族利益来说，是"黑船事件"以来最好的一个时期，而他本人则既没有孝明的远见和气度，也没有明治的手腕与权谋，更不理解父亲大正的心机与苦心，昭和天皇是家族三代政治能力高峰后的低谷，他的许多优势却完全丧失了，还具有侵略思想，妄自尊大，野心勃勃，鬼迷心窍。日本发动侵略战争，他是罪魁祸首之一，不论对亚洲人民，还是对日本人民，都负有不可推卸的历史罪责。

1.他拥有了一个广泛支持"天皇体制"的法西斯极右军队中下层的基础，第一次有了维护日本民族利益和天皇安全的可能性。

2. 他拥有了一大批在日本央行战役中，被排斥在金融代理人小集团之外的世袭门阀的潜在支持者。

【日本经济】

日本现有铁路总长27 400公里，铁路网密度为每千平方千米有铁路72.5公里，是世界上铁路网最稠密的国家之一，其中电气化铁路占1/2以上。主要铁路线多分布在沿海地带，且与海岸线平行。

3.日本有了一支足以保家卫国的军队和军工体系，只要进行正确的引导和国防工业国有化、国产化，就有彻底消灭金融买办势力，一举夺回货币发行权和日本实体经济广义所有权的可能性。这种可能性如果得以实现，日本就有可能走上与邻为善、和平发展，屹立于世界民族之林的积极前景。

昭和天皇没有这样做，没有做这样的尝试，而是沿着错误的道路，快步走了下去，发动了对外全面侵略的荒谬战争，也实际摧毁了日本武士氏族集团演化而来的新军事贵族集团，与日本世袭门阀集团与日本萨摩金融代理人集团演变而来的央行财阀集团的政治平衡。这很微妙，外表看不出来，但这对于"天皇体制"是一个致命的战略打击，掏空了天皇体制赖以生存的政治基石。

唯一可以解释昭和天皇这一系列做法的潜在原因就是——他被表面的"权力"和"尊重"蒙蔽了双眼，被内心的"权力欲"和"大日本帝国天皇美好前景"所诱惑，没有看到天皇体制的巨大危机。他没有认识到，日本军国主义侵略战争不得人心、"盟友险恶"、"目标虚幻"。他更没有看到，日本实际的统治者是央行财阀代理人小集团的险恶现实，以及日本对外侵略战争最终必然失败的前景。日本军事集团的"解除武装"和日本央行财阀集团的"一枝独大"，对于"天皇体制"的战略后果，对"天皇"的实权是一个巨大的冲击，有釜底抽薪之势。昭和天皇见"利"而不见害，这就是"昭和之谜"。

【日本经济】

日本从20世纪60年代开始修建时速210公里的高速铁路，称"新干线"。已运营的新干线总长2 000公里。已通车的有4条，即东海新干线（东京—福冈）、东北新干线（大宫—盛冈）、上越新干线（大宫—新潟）、山阳新干线（大阪—择多）。

第六节　日本五大财阀的起源之谜

（一）三井财阀

1.“三井两替屋体系”的出现与江户王朝的灭亡

“三井”这个名字，人们不是很熟悉，但新日铁、三井住友银行、商船三井、三井造船、石川岛播磨、丰田、东芝、索尼、松下、三洋、NEC……这些产业巨头的名字却家喻户晓。但别忘了他们可都是所谓的“三井财阀”的下属成员。

但如果把“三井”看成是日本的财阀、日本的民族资本，则不外是一种误解；把日本财阀，看成是“日本民族的产业集团”则是一种对日本金融战役史的“摘录”；把“三井财阀”看成一种“日本民族资本强国的历史经验和老师”，则不仅背离了历史的真相，也是危险和错误的。道理很简单，因为日本民族资本的萌芽，早已经被扼杀在摇篮里。

一句话：所谓的“日本财阀”之路，是一条民族资本的死路、是日本金融战役的产物、是一个引人警醒的惨败战例，是一个开始于 19 世纪，需要绕开

【日本经济】

日本以贸易立国,99%的对外贸易通过国际海运实现。日本主要的船公司有:日本邮船、商船三井、川崎汽船、太平洋海运等。至2003年,日本共有港口1 084个。其中,吞吐量1亿吨以上的有名古屋、横滨、千叶。

的、有着鲜明民族历史心理学诱导色彩的金融战陷阱,绝对不是"学习的老师"、"重复的荣途"、"仿照的典范"。

在私有制和市场经济的历史范畴内,脱离对实体经济和所创造财富的所有权的主导,就背离了私有制和市场经济最基本的基石原则和游戏规则,只能进入一场自欺欺人的虚幻迷梦。梦醒之时,面对的必然是一片民族资本的瓦砾和虚拟经济的沙滩楼阁,"国际债权人"吹一口气,注入资本,则万物复苏;吸一口气,收回资本,则冰消瓦解,"强大"和"繁荣"会须臾不见。这就是私有制中所有权的基本价值,这就是市场经济中的最基本的一些东西——"你的",还是"我的",确定后,交换,牟利。

日本江户幕府时期,曾经有过一个"三井家族",早就被跨国金融资本兼并了。创建了三井家族产业的是八郎兵卫高利(八兵卫高利),大约出生于1622年,1694年5月29日去世。他父亲叫高俊,是伊势(约今三重县伊势地区)的酿酒者,后来就有了几家当铺,这就步入了金融业。八郎兵卫高利感觉不满意,1673年到京都开和服店和百货店,就是"吴服店"和"越后屋"(三越百货公司的前身),并不是真正开服装店和百货,而是利用日本平民的朴实与对负债危害的不理解,同时巧妙地利用了破落武士阶层的虚荣心,通过放贷售货,迅速发展了起来,实际是

放高利贷,并且有了连锁店。

高利贷是违法的,这种"消费信贷"本身就是一个肮脏残酷的骗局。情况明摆着,一个人连买东西都要借债了,哪会还得起高利贷呢? 于是,很快就被弄得家破人亡,这样就给高利贷者带来了坏名声,大家就开始抵制八郎兵卫高利。这就迫使他脱离了酿酒、百货的核心业务,实际上却开始在更大范围放高利贷。他上结幕府,下联盗匪,把这个不合法的高利贷买卖支撑了下去,"两替屋"(专放高利贷)就成了主体了。他实际很类似于清朝伍绍荣等人违法贩毒,却被看成"天子南库"的情形,实际是八郎兵卫高利用高利贷搜刮民财,幕府则外显清廉,幕后分赃,提供"保护伞",形成了一个金融怪胎。

八郎兵卫高利名声不好,也想办法摆脱,就说自己是日本古代一个高官藤原道长的后人,据说这个高官后人居住于三井寺附近的一个小村落,故此八郎兵卫高利,一般被后人称作"三井高利",也就是所谓的"三井"家族的"第一人"了,关于他的这些说法,恐怕无法考证。

三井高利的遗书,史称"宗寿居士古遗言",明确提出"须开长崎路,做异国生意",从此三井的高利贷"两替屋",后来改名叫"兑换所",不仅在江户、京都、大阪有了 11 家分店,也逐渐成了跨国金融资本在日本的代理人。1651 年以后,一般被认为德川幕府开始走下坡路了,但却与"三井两替屋"的迅速繁荣形成了鲜明的对比。这种虚假的高利贷繁荣的背后,恰恰是日本民族资本的崩溃、江户王朝的腐朽、三井集团的"变质"、武士氏族集团的破产。高利贷集团对日本德川幕府的破坏,犹如鸦片集团对中国清朝的破坏一样,几乎如出一辙。

跨国金融逐渐代理人化,民族高利贷资本特征逐渐消失之后的

【日本经济】

日本航空业发达,国际定期航班往返于世界各大主要机场。其中,以飞往东南亚和横越太平洋到北美西海岸的航线最重要。此外,还有经莫斯科到欧洲以及到大洋洲、太平洋岛屿和中国的航线。

"三井两替屋体系",也就如同中国清末繁荣一时的钱庄体系一样,掏空了腐朽没落的封建幕府,搞垮了傲慢无知的武士氏族,也就丧失了赖以生存的民族基础、社会基础和经济基础,不得不紧紧依靠于外国金融资本。集团内部的资金链,再也无法稳定地依靠掠夺性、破坏性极强的高利贷体制得以延续,目前在日本仅是一个黑社会控制下的"特殊的金融产业",而不是主流的金融产业了。

这种高利贷资本的扩张和"繁荣",有点类似日本木制古建筑中的白蚁,当房屋要倒塌时,白蚁就必须"另寻他途"了,这就是"宗寿居士古遗言"的历史背景。

2.日本第一央行·第一银行

日本金融战役史上的三个央行

(1)日本第一央行·第一银行(1873)

成立者是"官业私营"的"大藏省";主导者是"国际债权人";出面的是"三井·小野两替屋",也称"三井·小野兑换所"。名义所有人是三井家族出面组成的董事会股东,具体资本构成不详,是否为日本企业也无法确定。"业务"是"发行日元"、"打理"日本财政,也是根据"大藏省"《日本国有银行条例》成立的第一家日本银行。

(2)日本第二央行·日本银行(1882)

成立者是"官业私营"的"大藏省";主导者是"国际债权人";来源是日本第一央行·第一

银行;所有人是世袭央行股东,具体股东名单不详。"业务"是"发行日元"、"打理"日本财政。

(3)日本第三央行·日本银行(1942)

成立者是"国际债权人"为首的世袭股东建立的"日本第二央行",和"官业私营"的"大藏省"联手建立的"日本"财阀集团及日本央行集团主导的日本内阁;主导者是"国际债权人";来源是日本第二央行·日本银行;所有人是世袭央行股东。

开始为"国有控股55%",把日本主权欺骗性地宣传成"一个营利性企业",然后搞了一个"国有金融股上市金融战骗局",拥有日元发行权的"国际债权人"仅写下0.55亿日元账面信用,日本的主权就成了"国际债权人集团"和"世袭股东"的私产,具体股东名单不详。"业务"是"发行日元"、"打理"日本财政。

3.日本第一央行·第一银行:所谓的"日本三井财阀"

所谓的"日本财阀",不过是国际债权人集团那只"看不见的手"中的魔杖"点化"出的提线木偶。"三井兑换屋"是江户幕府的"御用钱庄",实际上是腐败的官僚体系中的"润滑剂"。高利贷者替幕府搜刮,干一些"官府不好出面干的事"。高利贷资本有三个必然的伴生物:吃人的黑社会、黑暗的司法体系、肮脏的金融骗局。江户幕府逐渐趋于崩溃,"三井兑换屋"也就日趋没落了。他们不可能有伦敦金融城那样足够的金银资本来左右日本的货币发行,也没有国际银行家集团那样充沛的人脉资源来捧场,在倒幕势力内部延续"一个幕府爪

【日本经济】

对外贸易在日本国民经济中占有特殊重要地位,2009年对外贸易占日本国内生产总值的22.35%。日本一向把"贸易立国"作为国策,把"出口第一"作为自己的经济纲领,没有对外贸易,日本难以生存。2009年,日本商品贸易总额达到11 330亿美元,居世界第四位。其中:出口5 810亿美元,占世界的4.6%;进口5 520亿美元,占世界的4.4%,外贸顺差290亿美元。

牙的利益",幕府灭亡之时,就是"三井兑换屋"破产之日。

萨摩金融集团之所以要找"三井兑换屋"发行账面日元数字,原因不是萨摩金融集团中的一些人"不会写字",而是"国际债权人"需要一个缺乏倒幕势力政治基础的、日本人民比较熟悉的、熟悉金融业务的银行代理人,"三井兑换屋"具备了这一切条件和急切的愿望。一个本来要随着幕府灭亡而行将破产的御用商户,"三井兑换屋"在那个特定的历史阶段,没有任何讨价还价的余地和本钱,更便于控制与"平静过渡",萨摩集团实力强大、有人有枪,如需要在利用后可"消灭"。

第一个发行日元的"日本第一央行·第一银行",除了用一个"三井兑换屋"的名字之外,"三井·小野兑换屋"没有任何主导权和所有权。当时看似荣光无限的"三井·小野兑换屋",由于幕府的垮台和拥有的不过是天文数字的"债务"和作废的债权。这有点像一个负债累累却衣着光鲜的华尔街银行家实际上比一个赤贫的乞丐还要贫穷,很多人不理解金融战役史中的"类似情形"。

1873年7月,日本第一央行·第一银行成立了,到了1882年,日本第二央行·日本银行成立的同时,也建立了一个稳定的三角构架:央行,负责制造债务、发行货币、控制储备；大藏省，负责涂抹"官方色彩"和"央行对日本政体的逆性渗透"；三井银团则是替"国际债权人"夺取日本实体经济所有权的高端金融代理人。但是，这三者依然是一回事，如同"美联储系统"、"美国财政部"、"纽约美国联邦储备银行"是一回事一样，这三者就是"日本"央行集团本身。

三井集团着手建立、兼并了几十家银行，几百家金融机构，上千个企业集团。"明治维新"初期发行日元的"第一银行"；第二次世界大战期间的"日本帝国银行"；美苏"冷战"时期的"第一劝业银行"；2000年以后的"瑞穗集团"，这些拥有着日本所有企业的银团，有不同历史时期的"政治涂粉"，但又都是日本一央行·第一银行，即所谓的"三井财阀"的不同名称。所谓的"三井财阀"资本兼并史，也是一部日本民族资本消亡的金融战役史。

帝国银行

1896年成为普通商业银行，即"第一银行股份公司"，该公司不再发行日元，实际为日本第二央行集团的"商业银行分部"，1912年兼并"日本第二十银行"；1913年兼并了"日本北海银团"；1917年兼并"日本古河银团"；1943年3月兼并"日本三开银团"，史称"日本帝国银行"；1944年兼并了"日本第十五银行"，成为日本最大的银团，是日本侵略战争的主要金主，日本战败后的1948年"帝国银行"的招牌被弃用，

【日本经济】

多年来，日本有大量商品贸易顺差，是世界上商品贸易顺差最大的国家之一。日本也是世界上的服务贸易大国，2009年服务贸易总额2 730亿美元，占世界的4.2%，居第四位。其中：出口1 260亿美元，占世界的3.8%；进口1 470亿美元，占世界的4.7%。服务贸易逆差210亿美元。在日本对外出口贸易总额中，商品贸易占82%，服务贸易占18%；在进口贸易总额中，商品贸易占79%，服务贸易占21%。

【经济揭秘】

1873年7月，由出面替萨摩武士集团发行"太政官纸币"三井两替屋，用账面信用兼并了负债的小野两替屋而成，是日本第一央行，也是第一个商业银行，这时国际债权人集团在日本的金融战处于布局阶段，还没来得及进行"功能细化"。

重新启用第一银行的招牌。

瑞穗集团

第一银行在 1971 年 10 月 1 日兼并了"日本劝业银行",史称"第一劝业银行";第一劝业银行在 2000 年 9 月 29 日,兼并了"日本富士银团"、"日本兴业银团",成立"瑞穗集团",下辖瑞穗证券,拥有并管理日本高端证券和资本市场;瑞穗投资银行负责日本宏观资本流向和"战略微调";瑞穗实业银行用于协助"瑞穗投行"控股和管理下辖日本各银行、保险、证券、金融机构,类似于一个日本银行的银行,从高端把持日本金融资本;瑞穗银行用于从微观拥有、主导日本中小企业和新公司的"风险投资",以此拥有一切日本微观实体资产的所有权。2003 年 1 月 8 日,成立瑞穗金融集团,用跨国董事会的形式,控制上述一切日本实体经济,从而彻底丧失了日本民族资产的名义特征。

2005 年 10 月,成立了一个用于"控制垄断金融资本在日运营的私人高端跨国管理集团",史称"瑞穗私人财富管理有限公司",似乎很不起眼,却拥有着日本的一切,也无所谓日本的公司,直接由"国际控股集团"拥有和管理。这个神秘的机构,主要用于从法理上拥有日本的一切,又不引人察觉。

上面仅仅是"日本第一央行·第一银行",即所谓的"三井财阀"替日

【经济揭秘】

"跨国瑞穗银团"拥有日本金融、证券、工业、农业等一切重要领域的大集团,多达950个,人们熟知的日立、丰田,不过是这些诸多"日本"企业集团中的一个。一句话:从来就没有什么"三井财阀",只有"国际债权人集团"在日本建立的"日本第一央行·第一银行"和日本央行集团。

本私有央行集团背后的"国际债权人"在日本"攻城略地"的一些简要过程,实际上直接和间接兼并的日本实体经济无法计算,因为兼并一个银团,实际上就等于兼并了一系列大企业和子公司。

(二)三菱财阀、住友财阀、安田财阀、涩泽财阀

1.国际债权人如何通过央行体制实施对日本政体的全面主导与萨摩央行集团主导的"明治维新"时期的"官业民营"与日本财阀体制的形成

明治初年的大藏省性质类似于 2007 年次贷危机以后的"美国联邦储备委员会",明治维新早期的大藏省就是一个发行货币的,从一开始就是一个"官业私营"机构,当时的"央行"介乎于合法和违法之间,如果算作大藏省的下属货币发行机构则合法,如果考虑其私有性质,则属违法。

可问题是,大藏省本身就是"官业私营",却履行着日本政府的职能,这就是央行体制对国家最高权力的秘密攫取。日本古代的监察体制,在战国时期一直由"天皇"直辖,情报部门由将军府直辖。大藏省本来是一个普通的财务部门。有趣的是,明治维新时代的大藏省的负责人,却不能直接管理日本财政——要主动交权!因为,大藏省有权,大藏省的公务员就无法把日元发行的"利润"世袭把持,必须交由一个民营银行,才名正言顺。

虽然"国际债权人"是受益主体,他们仅仅是一个零头,但对于他们的家族则"足够"了,也就形成了一个出卖民族利益和国家主权的动力,而不需要"国际债权人"给一分钱。这就是为什么世界金融战役史中,全面的金融战役总是从成立"央行"开始,独立央行之祸,亡国灭种,决非儿戏。大藏省先后搞了"日本的三个央行"。

与此同时,1869 年 5 月明治政

【经济揭秘】

1869 年 7 月,监察机构由大藏省领导,1871 年干脆就悄悄地撤销了这个已经软弱到极点的监察机构。但是,央行集团是个"小圈子",日本官僚体系则是个"大圈子"。

【经济揭秘】

这个"独立监察机构"在高度独立的私有央行集团的主导下，由"国际债权人"在日本实施着对"央行"的拥有、运营和监察，并实实在在地监察着、运行着日本政府的一切。

府设立了作为政府财政监察机构的监督司，实际上是延续了日本古代的监察体制，保留了对大藏省的监察，这无疑违反了"央行独立性原则"，违反了"政府不得干预经济事务的国际惯例"，故此大藏省推动了日本官吏体制改革，废除了"太政官体制"，大藏省下属的负责监察大藏省的"会计官"也就消失了——这个监督本来就够软弱的了，属于下级监督直属上级。

伊藤博文在日本天皇的支持下，开始激烈反对！"当时任租税头兼造币头的伊藤博文针锋相对地列举了监察机构的种种必要性，对于撤销监察机构提出了强烈的反对意见。不久，被撤销的监察机构不仅得到了恢复，1880 年 3 月，财政监察机构从财政部门中分立出来，还扩建为直属太政官（相当于今天的内阁总理）的会计检察院"。

这个"矛盾的实质"在于日本谁来监督那只"写下数字就是钱的神秘之手"，利之大、斗之急、恨之切，伊藤博文 1909 年 10 月 26 日遇刺，明治天皇惊郁而终。

伊藤博文实际上是由于日本天皇和一批被排斥在央行小集团外的门阀的反对，才让大藏省开始转变策略，暗中取消了监察机构，从宣扬央行的独立性，延伸到"监察独立性"，以金融战役中惯用的"独立骗局"，分化和架空了日本主权，制造了政权"不能触及的盲区"。

大藏卿大隈重信，也是央行的始作俑者之一，着手建立了一个"独立的监

察机构"——检察院（1880）。从此，日本一切金融货币事务都由央行集团把持，任何人都不能触及监察领域，而这把"独立央行"主导下的"监察之剑"却可逆向指向任何人，反对者则成了"反对监察的独立性"，这与"央行独立性"有异曲同工之妙。

2.三菱财阀

1880 年 11 月 5 目，明治政府颁布《工厂处理概则》，这个所谓的法案始作俑者还是神秘的大藏省。这个法案极为重要，明确规定："数人合资或一个能出必要资金者，均可得到一项或几项处理的官办企业。"

这对于拥有货币发行权，又脱离了监管的世袭央行股东们，尤其是"国际债权人"则可"合法的"用账面游戏，凭空攫取日本举国之力建立的国有企业，更为可怕的是：日本的上层建筑与生活资料全部"外资化"了。这个所有权的转移，是主权和社会成员生存资料公共所有权的全面"转移"、全面的私有化和"外资化"。

在《工厂处理概则》的规范下，日本制定了一个神秘莫测的"官业民营、殖产兴业"的国策，动用国家资金，建立了一系列军火、造

船、抽丝、运输、矿山、钢铁、电报企业。由于日本是岛国，又走上了"脱亚"乃至"与邻为壑"的道路，最为主要的产业是军火、造船和运输。这个过程是一个江户时代中央和地方的国有企业私有化、央行化、外资化的过程。

比如，大藏省在1879年挂牌成立的"东京兵工厂"，名义归日本陆军部，实际为原幕府的"关口制造所"；大藏省挂牌成立的大阪炮兵工厂，原为1871年大藏省"接受"的原江户政权的"长崎制铁所"。大藏省"接管"了"石川岛造船所"，原水户藩地方级海军设备制造企业，由"萨摩藩鹿儿岛造船"这样一个纯粹的外资企业"接手"，成立了"日本海军兵工厂"，名义由日本海军部统辖。

不仅如此，在民用领域，1870年日本铁路公司由伦敦金融城的银行家认购"大藏省"国债0.01亿英镑信用，实际什么也没有借入，没法核查，因为这些所谓的"金币"是账面数字，然后构成债务抵押，最后由私有银行开出日元数字。这笔莫名其妙的债务货币理论制造的"跨国债权"，通过"日本第一央行·第一银行"的前身"三井·小野兑换所"和大藏省，实实在在地记在了日本政府的头上。日本的工业化实际上是依靠对日本人民的税收完成的产业投资，却把几十年辛辛苦苦建设的国有企业所有权，凭空给了"国际债权人"。

大藏省用这笔债权缔造的债务货币，建立的"日本铁路体系"；1871年"日本航运公司"；1871年"日本邮政轮船公司"；1877年日本电话电报系统的运营……所有这一切，日本的

重工业,都是原来江户政权中央和地方的国有企业。尤其是日本国有军工集团,通过大藏省几乎是无偿划拨给了个人,依据就是《工厂处理概则》,无法核查,也没有这样一个有权限核查央行账目的核查机构。这些投资的日元,如果没有日本政府,也就是日本人民劳动创造的实体财富为镜像,则无人会接受,与国际债权人没有一点关系。

　　央行·财阀集团的账目,开始时归大藏省"自检",后来大藏省出面建立了一个"独立监察机构",大藏省的这些账目,永远也没有人查了,通过对自己国家资产的掠夺,央行集团成为日本新生代的代理人资本,代价就是日本民族丧失了全部的实体经济所有权和辛辛苦苦建设的工业基础,换来了一个不属于自己民族的"现代工业",日本也就"迅速地腾飞了"。

　　这个商业办事处的小职员岩崎弥太郎,聪明伶俐,又识字,当时下等武士的子女识字率很低,这说明岩崎弥太郎自学很刻苦。他没有任何资本,虽也搞一些小买卖,但规模不大,主要靠工资为生。1871 年 7 月,明治维新实施"废藩置县",就出现了一股瓜分地方(藩)国有资产的浪潮。土佐藩变成高知县,覆巢之下,焉有完卵,"高知县"的"有能力弄来资金的人"就找到这个特别乖巧的岩崎弥太郎,让他出面,把这个"土佐藩驻大阪商务办事处"的房子"买"下来,划拨给了他,然后注册一家公司——这个公司的初始资产全部是国有资产,又有了一个董事会——这就是日本"官办民营",是大肆贪污国有资产的特有手段——国有企业股份化。

　　这样,一个"驻大阪办事处(土佐藩藏屋敷)"就成了"九十九商社",也称"九十九人商会",暗示有主要股东 99 人,所以这个企业,根本就不属于岩崎弥太郎，他最多是个总经理。

1872年1月，有一个神秘的投资者，给岩崎弥太郎4万银元的账面信用，要求其正式更名为"三川商社"，这个"佚名者"则是"三川商社"的原始大股东——请注意，这时这个股份化的国有企业，偷偷地归了董事会成员个人所有。这个注资人，很可能就是1873年日本第一央行·第一银行前身"三井两替屋"，这种猜测可能并非空穴来风。

【揭秘经济】

央行集团的核心之一，大藏卿大隈重信与这个不知名的小公司联手，几年的时光，不断把日本国有企业的造船、冶金、兵工、运输企业的所有权，大量"划归"岩崎弥太郎名下。

"三"为三井；"川"即"岩崎"，不论是否如此，这是一个"国际债权人"通过央行集团，就是那时的大藏省搞的把戏，岩崎弥太郎的父亲是个贫寒的下等武士，而且酗酒，他本人虽乖巧能干，经营也有起色，但只是一个"小吏"，连官都算不上，虽然摆脱了贫寒，但算不上大资本，甚至在"九十九人商会"中，他可能都算不上核心股东。这个"三川商社"在1873年3月又更名为"三菱商会"，"三"为"三井"，"菱"是一个中国字，为漂浮于水上的一种植物，产自欧洲，后被引入中国，那时日本是否有"菱"，不得而知，此处暗喻军舰、海运。

1879年，也就是日本第二央行·日本银行（1882）成立前夕，"三井"的八郎兵卫高利，又称"八郎右卫门"或"八兵卫高利"，是"日本第一富人"，岩崎弥太郎是"日本第二

富人"，实际上都是日本独立央行的"控股集团"，而日本所谓的"独立央行"，则是一个"国际债权人"拥有的外资控股的营利金融企业。

"日本邮船会社，1884年所有权秘密转移"；"长崎造船所，1885年所有权转移"——这就是上面说的整合了日本全国的国有军工联合体，不是一个"所"或"厂"，而是把日本国有军工体系的一切财富，凭空攫取到个人手中。在大隈重信等央行集团的斡旋下，神秘地"租借"给了岩崎弥太郎，然后就更加神秘地成了"私人财产"，然后就成了"国际债权人"，主要是罗思柴尔德家族在日的控股企业，也就是后来的"三菱重工"，日本早期国有军工企业的"化身"和全部。1885年，岩崎弥太郎神秘地成了"日本国立第一百一十九国立银行"的拥有者，可谓"点石成金"，无本扩张。

岩崎弥太郎很得意，开始有点尾大不掉，1885年2月，岩崎弥太郎突然吐血暴毙，英年早逝，年仅52岁，有传说是罹患胃癌去世，具体不详。这个由伦敦金融城或华尔街在一个国家内部扶植的一个原本并不涉及军工的所谓的"重工集团"，利用央行人脉，透支扶植，再把该国军工所有权秘密转移到这个代理人名头上，然后秘密控制，形成逆向渗透的一个军事机器。

3.住友财阀

有关日本有几个财阀的说法，在日本有"三财阀"之说，就是三井、三菱、住友，在中国有"四财阀"之说，多了一个安田。日本金融战役史中为"五财阀"，多了一个涩泽财阀，还有一种"六财阀"之说，多了一个三和财阀，但实际就是三井财阀在其幕后，笔者认为日本实际为"五财阀"统一在三井旗下，也就是日本央行集团之下，不能看成是5个家族

【揭秘经济】

"独立央行"打着改革日本机构改革的旗号，秘密取消日本警察机构对于假币案调查侦办权，以此建立央行下辖的情报机构和秘密武装机构，并打着"货币事务独立的旗号"使这支"反假币"武装和情报机构独立于国家政权和监管之外，听命于独立央行行长个人的命令，凌驾于一切社会阶层之上，直接服务于"国际债权人"，这两手用于秘密颠覆一个国家的政权机器的金融战策略，称作"重工策略"，或"三菱战术"。

的企业,甚至都不是日本的企业,住友财阀非常典型。

住友家,也是江户幕府时代的高利贷者,史称"泉屋",也就是当地的"自水会",实际生活在社会最底层,依靠上结官府,下拥黑帮,用高利贷盘剥牟利。有一种说法,住友家始祖是住友忠重,据传和桓武天皇(约781—806)有"某些关联",但无法考证。

京都地区的药材商住友政友(1585—1652),才是住友家族资本的初期积累者,后日本封建社会逐渐没落,药材商就走上了放高利贷的畸形发展之路,这不是偶然的现象,是历史合力的结果。江户王朝末年,外国金融资本依托萨摩藩、土佐藩,控制了日本的银币流通、套购黄金、关闭铜矿,制造硬币流动性短缺。实际上,住友泉屋在这个时候,拥有的不是巨大的家族财富,而是一笔永远也无法从武士氏族家族收回的债权,尤其在倒幕战争和"武士氏族叛乱"全面爆发后,实际破产了。

1877年,广濑宰平这个英国伦敦城在萨摩藩的小金融代理人,就找到了住友家,全盘接手了产业,但依然使用住友的名义,这有利于"国际债权人集团"对日本实体经济秘密控制初期的"平稳过渡"。

2001年,成立于1895年也就是住友财阀初期的核心"住友银行"被三井集团兼并,成立了"日本三井住友银行",住友财阀就彻底退出了历史舞台。这就是代理人家族的宿命,也是日本民族资本的挽歌。短期看,也许是住友家族一门之幸,但从历史的角度来看,不论是三井、住友、三菱,都必将彻底泡沫化,这种泡沫化的趋势,被华尔街媒体解释为"日本企业有意识的淡化日本企业特征,是全球化战略眼光的胜利",这种学术观点脱离历史事实、背离私有制与市场经济的基本原则,是植根于金融战臆想的艺术产物。

【揭秘经济】

第二次世界大战以后,崛田壮三不仅是"住友财阀"的总经理,而且是董事长(1972),历任21年之久,逐渐把住友家族的成员排除出了管理层,包括NEC等名义上都是"住友"财阀的财产。

4.安田财阀

安田资本属于三井资本,所以日

本一般说"三大财阀",没有安田。安田财阀对于"国际债权人"主导日本央行资本体系,有着不可替代的作用,实际比住友家族更加具有独立性,但"贵不在资本,而在人脉"。所谓的"安田财阀",更能说明"日本财阀"实际上不过是"国际债权人"主导日本的金融战控制策略。

安田财阀的创始人安田善次郎,出生于战国时代富士藩的一个底层藩士人家,家里不种地,属于最底层武士仆人,吃饭都嫌人口多。他17岁(约1855年前后)就独自跑到江户,拿着家里给的25块富士藩"藩札",在日本桥交换商店,开始了一个"安田屋"。

这类似于1949年以前北京天桥一带的无业人员的行当,当时一些人在天桥随身携带着纸币和银元,在街上嘴里叨咕着"买一个,卖一个",介乎于诈骗和兑换之间,主要利用各种假银元骗人,有时也吃银元和纸币的差价。纸币贬值,如果要兑换者付出更多的纸币,则迅速兑换成银元,这样做会有一个时间差价。

安田善次郎很乖巧,得到了一些萨摩金融代理人的关注,就找到这个年轻人,让他出面做了一个金融代理人。原因不是他有背景,而是他没背景,这样才可以放心地把日本国有第三国民银行凭空地划给他。因为这是公开侵占国有资产,属于大规模贪污,央行集团不好自己出面,于是就有了这样一些"幸运儿",安田善次郎

【揭秘经济】

日本战国末期,幕府和藩国体制都逐渐瓦解,"藩札"贬值,币制混乱不堪,人们倾向于兑换一些硬币,但日本硬币币制比"藩札"还乱,这种乱,也就有了"乱中取利"的可能,安田善次郎就是干这个的,不能简单地把这种做法归入银行业务,甚至不属于正经的金融活动。

就是其中之一。

日本国有第三国民银行到了安田善次郎名下之后，就变成了"安田银行"（1880），也就是现在的"安田富市银团"，有时也称"富士财团"或称"芙蓉财团"，有文献把这两个名称分开说，这是一种误解。"富士"、"日立"、"日产"这些企业集团都为安田财团拥有。这个过程很典型，深刻地反映了所谓的"官业民营"，实际上就是央行集团大规模的贪污和对外输出国家利益。这样一个年轻人，陡然而"富"，成了日本"安田财阀"的"创始人"。

安田善次郎，一个贫穷的仆人家庭的孩子，很小就伺候人，没钱的时候很乖巧，有了钱权，长期被压抑的权力欲、表现欲、物质欲，会十倍、百倍地释放出来，这就是中国古训："大俭之后，必有大奢。"他很快就开始膨胀，给东京大学出钱，建立"安田讲堂"、"日比谷公堂"，表面是给"国际债权人集团"培养在日的代理人，实际也有给自己树碑立传的意思。一个银行代理人，不宜如此，这给他打上了悲剧的符号——1921年，他被朝日平吾暗杀。

他的死，却导致所谓的"安田集团"更加受到重视，也就是"国际债权人"集团以一个基础薄弱的代理人集团来制约央行代理人资本集团，所以日本第三央行·日本银行（1942）是由央行行长，也就是安田财阀的结城丰太郎"一手操持"，从法理上来说，这是日本第一个央行，因为以前的两个央行，实际是大藏省成立的一个外资股份制金融公司。

【揭秘经济】

这个央行集团，巨型"资本集团"，根本就不是日本的企业，日本军国主义的侵略战争不仅狂妄，而且可悲，但也留下了宝贵的历史经验，前事不忘，后事之师。

不仅如此，这个实际由"国际债权人集团"直接管控的新央行集团核心，在第二次世界大战前后是日本军工体系的核心，涵盖了日本的粮食、饮水、电力、汽车、半导体、家电、金融……在20世纪的50—60年代，富士银行的存款余额日本第一。

2002 年,安田财团,也称"富士银团"、"芙蓉银团",核心就是"富士银行",被日本第一央行·第一银行的"三井集团"兼并,融入"瑞穗集团",故此泡沫化了。

5.涩泽财阀

涩泽财阀非常特殊,是一个游离于日本四大财阀体系之外的一个特殊财阀,日本金融战役史中,称之为"日本五大财阀"之一。

前面提到过"岩仓使节团",1871 年 12 月 23 日出发,周游欧美 12 国,约耗时 1 年零 10 个月,靡费甚巨,这笔钱最后实际由大藏省报销,竟然占到了 1872 年日本财政的 2%。这个"使节团"公费旅游,名义是英国伦敦金融城的"国际债权人集团"出钱邀请,银行家挑选了一些"日本公务员"到欧洲旅游、吃喝、"学习"、交友,这批人就形成了央行集团,把日本货币发行权,广义实体经济所有权,甚至狭义实体经济所有权,通过央行财阀体制,用"官业民营"的金融战骗局,全部输送给了跨国金融僭主家族。

涩泽荣一是明治维新时期大藏省的一个日本金融公务员,也参加过类似的"推动了日本历史的出国参观访问团",游历欧洲,连吃带玩将近两年,与欧洲各大央行,也就是罗思柴尔德家族的雇员打得火热,建立了深厚的私人友谊。这不是他个人的秘密,那个历史时期日本使节团的特征也不是秘密,比如"岩仓使节团"就是"明标史册的历史事件"。

在这次著名的"参观访问团"之前,罗思柴尔德家族通过其所拥有的法兰西银行,邀请日本大藏省的一些公务员,尤其是金融领域的公务员或有公务员潜力的年轻学子,比如,涩泽荣一。罗氏出钱让他们到欧洲"参观",这时还不像"岩仓使节团"那样完全无所顾忌,这批人行踪都很神秘。

涩泽荣一与法国央行官员建立了深厚的友谊，为了培养涩泽荣一，法国央行的拥有者罗氏雇佣法国老师给他上法语课，照顾生活，无微不至，这个矮个子的 20 来岁的日本年轻公务员，成了法兰西银行的神秘贵宾。天生聪明且通达人情的涩泽荣一，不负众望，很快就学会了法语，他回国之后，不仅立刻被招入大藏省，且官运亨通，未几，官至"大藏省少卿"。实际官职还不仅如此，当时日本政府任命他为大藏省租税官，兼任制度改革小组主任，参与了新政府的货币制度改革、废藩置县、发行公债、殖产兴业等几乎所有重大政策的酝酿和制定。

涩泽荣一回国不久，就和福地源一郎抛出了《立会略则》，由"大藏省"在日本全国发行，形成了一个日本国策性质的"官方态度"，里面有这样一句话："财产所有权归个人所有，乃是天下通行的公理，他人（实指日本政府）不得侵犯"，这种政府与企业分开的说法，等于剥夺了上层建筑与生产关系本身的物理联系，不仅荒谬而且别有用心。

（1）一个公民的私有财产归自己，可以，国家有管理权、征用权、利润分配权，这包括税收制定和劳动者福利法令等。国家还拥有对经济生活的监察权，不可能"不侵犯个人利益"，因为即便是个人的财产也是来自全体劳动者的剩余价值，你可以多劳多得，但不能凌驾于社会契约、民族利益和法律法规之上。

（2）涩泽荣一所说的"财产"是日本国家，全体人民的财产，是日本民族的国有工业体系，凭什么

要归"个人私有"？这种理论的结果，就是第一阶段，大藏省·央行公务员建立的央行·财阀，大规模贪污，或明或暗侵占私分日本国有资产，甚至日本人民的生活资料，进而把持了上层建筑。第二阶段，形成一个"国际债权人"为首的跨国垄断金融僭主在日本的垄断金融资本控股集团，让日本民族从狭义上丧失一切实体经济的所有权，通过改变生产力的基础，改变生产关系的基石，成功地主导了日本的上层建筑，也就让日本逐渐走上了半封建、半殖民化的道路。

（3）涩泽荣一如果仅指一个小商人管理和拥有把自己创造或继承的财产，自主经营，还算说得过去，但涩泽荣一是指把日本全体人民的国有资产"划归"个人，则是公开的抢劫、贪污，而国有资产"划归"国际债权人集团，则是公开的卖国、叛国。

1873年，年仅33岁的涩泽荣一官至少卿。他这个大藏省少卿权限极大，可能类似于我国目前几十个部委的综合权力，不能说是"财政部副部长"，因为大藏省不仅负责财政货币，实际已经插手了日本军事、情报体系，是一个"巨无霸"，找不到一个对应的职务，类似美国副总统兼任纽约美联储副主席。大藏省实权比日本内阁大得多，这就是独立央行骗局导致的"天有二日，国有二君，两套班子，名义下属，自我'监督'，'金融'独立，央行实权"的金融战篡权把戏。

涩泽荣一还不满意，干脆辞职"下海"。他利用前大藏省

少卿的身份和"官业民营"的高深理论，建立了一个"日本国有股份制金融公司"，这就是后来"涩泽银团"的来源。他利用自己是日本制度改革小组主任的身份，在"下海"时，把这个日本国有金融公司，划归自己名下。

　　然后，通过关系不断地把许多国有企业归入这个"国有公司"的名下，当然此时已经不是国有公司了。就这样，一个商人家庭的子弟，被欧美银行家集团看中，精心培养为在日金融代理人，然后利用人脉安插到日本金融管理层，成为一名日本金融公务员，最后他通过"官业私营"的舶来理论，把日本国有金融资产和日本国有军工联合体"划归"自己名下，成了一代"日本"财阀的创始人，家族富可敌国。

　　银行代理人作为不同的独立因素，有一定发展的自由度，这些因素在一定条件下，会危及"国际债权人"对央行资本集团的稳定控制，需要预设一个机制来"平衡"这些银行代理人因素，使之"任意发展于欧美金融僭主在日体制之内"。

　　（1）"侍（侍武、士儒）魂企业文化（侍魂商才）"与"商业战争论"

　　涩泽荣一等人把日本人民的实体经济和一切财富都交给了"国际债权人"（后果严重，后面要专门谈日本财政在债务的重压下，趋于破产危机与所谓历次"向日本学

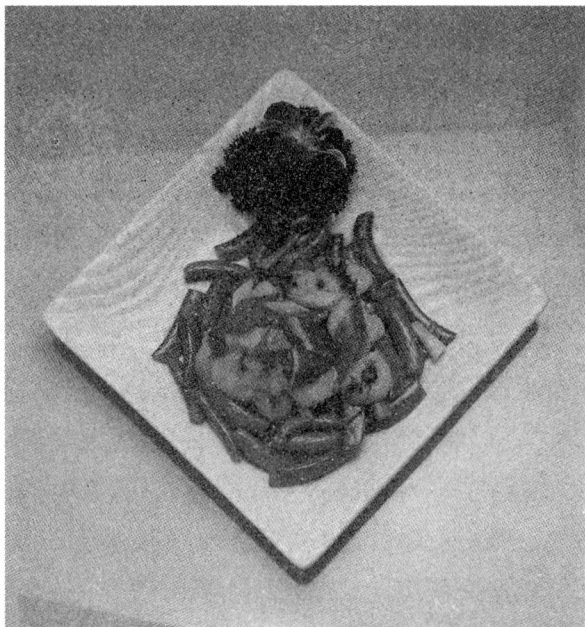

习思潮"的金融战实质和日本人民经历的苦难和茫然），日本国内农民、武士、手工业者全面破产，繁荣的是跨国资本拥有的"在日实体企业"，消亡的是日本的民族经济与国家主权，这些财富归根结底，还是来自这些日本各阶层，虽然他们不了解这些金融战的"内容"，也看不懂那些本来就是故意让人看不懂的统计表格，却真实地承受着日本民族实体经济所有权秘密转移带来的社会灾难，为了"积极"引导这股思潮，不成为反思和冲击日本央行财阀代理人体制的社会运动，涩泽荣一开始给这些外国企业"涂上爱国的颜色"，把"为日本献身"的"盲从武士道"引进到"财阀企业文化"中，并煽动军国主义思潮，最终把日本引向了灾难。

按照涩泽荣一的观点，国民"富"而后国家能"富"，国家"富"而后能"强"，国家能"强"而后能"独立"和有"尊严"。因此，"商场"即"战场"，"企业家"即"将领"，"工人"即"士兵"，"经济战争"是全体国民的"对外战争"，要"内和而外战"，竞争与合作一直是日本财团企业之间的主旋律。跟涩泽荣一同时代的日本最著名的思想家及教育家庆应义塾大学的创立者福泽谕吉，关于"商业是战争的最佳代替物"的观点，被当时实业界称为"这个时代最响亮的声音"。

（2）神秘的"涩泽财阀"

日本第三央行·日本银行（1942），不仅正式以日本银行法的国家法律的形式替代了"大藏省条例"，使"国际债权人"从灰色的阴影中走了出来，合法拥有了日本的央行和货币发行权，从广义拥有了日本的一切，而且这在日本央行集团内部，也是一次微妙的调整。

日本第三央行·日本银行（1942）的直接执行人，是安田财阀的结城丰太郎和"涩泽财阀"的涩泽敬三，此二人是第二次世界大战日

【揭秘经济】

1880年第一期《东海新经济评论》的社论就代表了日本人对"经济战争"的看法，也是对福泽谕吉"经济战争"理论的最好注脚。社论认为："我们当今把外国人基本上看做是平等的人类，我们试图用经济与他们战斗——战争的手段是贸易。"

【揭秘经济】

涩泽财阀等央行集团主导着日本的货币、财税、预算、储备、军工、民生体系，却有着如此神奇的"美国关系"，而且是英美金融僭主的在日私产，对于在前线与美军作战的日本官兵和太平洋战争的过程来说，这具有特殊的喜剧含义和金融战役史的研究价值。

本偷袭珍珠港导致太平洋战争全面爆发后，"国际债权人"趁机在日本正式建立"外资控股的股份制央行"的核心人物，开始日本政府还控股55%，国有股上市后，日元就奇迹般的成了欧美金融僭主家族在日的私产和"盈利业务"。安田财阀的结城丰太郎是日本第三央行·日本银行（1942）的行长（1937.7.27—1944.3.18）；涩泽财阀的涩泽敬三则是央行行长（1944.3.18—1945.10.9）。由于涩泽财阀是江户商人世家，故此"鹿儿岛系"的银行代理人集团被进一步边缘化了。涩泽财阀对日本实体经济和"对外事务"的"介入方式"，也出现了微妙的转变。